江苏高校优势学科建设工程资助项目（PAPD）

网络上身 时尚的巫术

subculture

曾一果 颜欢 著

苏州大学出版社
Soochow University Press

图书在版编目(CIP)数据

网络占星:时尚的巫术 / 曾一果,颜欢著. —苏州:苏州大学出版社,2021.6
(新媒介与青年亚文化 / 马中红主编. 第二辑)
"十三五"国家重点图书出版规划项目 国家出版基金项目
ISBN 978-7-5672-3454-3

Ⅰ.①网… Ⅱ.①曾… ②颜… Ⅲ.①互联网络—应用—占星术—研究 Ⅳ.①B992.2-39

中国版本图书馆 CIP 数据核字(2020)第 266092 号

网络占星 时尚的巫术

著　　者	曾一果　颜　欢	
责任编辑	周建国	
助理编辑	严瑶婷	
装帧设计	吴　钰	
出版发行	苏州大学出版社	
地　　址	苏州市十梓街 1 号	
邮　　编	215006	
电　　话	0512-67481020	
网　　址	http://www.sudapress.com	
邮　　箱	sdcbs@suda.edu.cn	
印　　刷	苏州市越洋印刷有限公司	
开　　本	700 mm×1 000 mm　1/16　印张 15.5　字数 195 千	
版　　次	2021 年 6 月第 1 版 2021 年 6 月第 1 次印刷	
书　　号	ISBN 978-7-5672-3454-3	
定　　价	55.00 元	

版权所有　侵权必究

总序[①]

青年亚文化作为一种普遍而又独特的文化现象，是人类社会文化结构中必然的、不可或缺的组成部分。相对于主流文化，青年一代的文化以其青春性、多变性和挑战性的特性有别于位居社会主体地位的成人文化；而相对于基本认同主流价值的青年文化，青年亚文化则具有非主流、边缘性的"亚"文化或"次"文化特征。事实上，青年亚文化是一种世界性的青春文化现象。就其实质而言，它所反映的是成人世界与青春世界、父辈一代与子辈一代之间那种永恒的矛盾和张力关系。在不同的时空语境下，这对关系往往以不同的方式表现出来，譬如反抗、冲突、偏离、协商、另类等，但是，它所呈现的那种青春期的迷惘、矛盾、寻觅、冲动及身份认同的困扰始终是青年亚文化的历史宿命，无论社会的意识形态如何统一和强大，这类青年亚文化或多或少总会以某些方式表现出来。

在中国现代文化史上，诸如五四运动、一二·九运动以及后来一些特殊时期的青年学生运动，都在一定程度上和从某个侧面显现了那个时代的青年亚文化征候。但就整体而言，一直到 20 世纪 80 年代之前，现代中国的青年文化更多的还是以认同和追随主流文化、成人文化的方式出现，那种典型的具有世

[①] 本序言大体保留了本人主编的"新媒介与青年亚文化"（第一辑）原序的内容，第五、六部分为新增内容。

界普遍性的青年亚文化现象并不突出。但是，伴随着改革开放和中国与世界文化的接轨，在短短40多年的时间里，中国青年亚文化发生了巨大变化，时至今日，已经成了当代中国青年文化和社会整体文化的重要组成部分。

如果说，20世纪80年代初的青年亚文化从备受压制到浮出地表，在传统的媒介语境中以各种个性化的另类形象出现和发展，并得到社会的理解和宽容，主要是得益于经济体制转轨和思想解放运动的话，那么，进入21世纪的今天，青年亚文化的发展在很大程度上有赖于以互联网为标志的信息技术革命，则是突飞猛进的媒介技术对青年日常生活的渗透和全球化的必然结果。如今，20世纪80年代形成的第一波青年亚文化族群／类型已成为追忆中的昔日辉煌，而新媒介支持下的今日青年亚文化才刚刚拉开序幕。令人震撼的是，新媒介对当今青年亚文化的影响，无论是在力度上还是在广度上，都已远远超出了媒介技术的层面，进而关涉到当代中国青年亚文化特质的变异及其走向，故而特别引人瞩目。

一

从文化赖以生存的媒介和技术环境方面看，当下以互联网为核心的新媒介对社会文化生态的全方位渗透，开始明显地推动今日中国的整体文化向开放、民主和多元的方向转变，同时整体文化的存在形态也在向"数字化生存"方向转向。新媒介不仅为传统文化类型的转型提供了广阔的空间，而且催生了一系列新的文化类型，其中青年亚文化是最为突出的景观。当各种各样的"客"，例如博客、播客、闪客、换客等轮番上场，当各种"社区""论坛"喧闹于网上，当IM（即时通信工具）、SNS（社交网络服务）、微博备受青睐，当网上购物成为风潮，当"搜索""自拍""黑客"等所有这些网络技术和文化实践成为青年亚文化习以为常的社会参与及其表达方式时,青年群体正在演绎和展示着的,是一个完全不同于以往的"虚拟现实"。可以这么说,网络媒介为中国当代各种青年亚文化的外来接受、本土生成与发展和迅速传播提供了前所未有的开放式、无边界、多媒介的物理空间和相对平等、开放的精神空间。如今,新媒介已经成为中国青年亚文化生长的肥沃良田和迅猛扩张的异度空间,成为新型青年亚文化传播的利器和青年一代寻找同道、建构文化族群和部落的文化场域。

网络媒介的全面覆盖、低廉成本及使用便捷,使中国大量青年群体的日常行为和生活方式与网络媒介牢固地绑定在一起。网络成了他们的"良师益友"和"亲密伙伴",有的甚至发展到须臾不能离开。一项由美国互联网公司 IAC(Inter Active Corp)和智威汤逊(J. Walter Thompson)广告公司合作,用双语进行的调查研究发现,与美国青年相比较,中国青年更依赖数字技术,有80%的中国青年认为数字化是自己生活的必要组成部分,其中42%的人觉得自己"上网成瘾",而美国青年中持这两种想法的分别占68%和18%。与此同时,该调查还发现,网络在中国青年人的社会生活和情感世界中扮演着极为重要的角色:77%的受访者说,他们通过网络交友;54%的人表示他们曾经通过网络即时信息进行约会;63%的人认为,两个人即使永不见面,也可能在网络上建立起真实的关系,而在美国青年中,相信这一点的只占21%。这一新的媒介语境及生存方式,的确为社会转型时代的中国青年亚文化创建和发展出了一个全新的生存空间和表现舞台。中国青年亚文化在经历了"文革"时期的"地下活动"和改革开放之初的"地表活动"之后,终于被媒介技术的推手带入了"无限活动"的新阶段。当下,青年亚文化作为被互联网率先激活的文化类型,已借助新媒介全方位启动了自身的文化建设,并且成为文化与技术深度联姻的实验产品。

而从青年亚文化自身的交流系统来看,一方面,新媒介正在历史性地改写着青年亚文化与主流文化之间的关系;另一方面,新媒介为青年亚文化构成要素的技术重组和创建催生了新型的表达方式。

以伯明翰学派为代表的传统青年亚文化理论基本上是先验地预设了青年亚文化对主流文化的抵抗性和依存性。譬如,科恩对伦敦东区工人阶级子弟的研究揭示,青年亚文化对工人阶级母体文化表现出表面的拒绝或反抗,却又有内在的依存和继承。威利斯对嬉皮士青年亚文化的研究表明,青年亚文化与中产阶级文化之间始终存在一种"结构性对立关系"。克拉克依据对特迪文化的深入研究也发现,"亚文化作为一种非官方的文化形式,拼贴所产生的亚文化风格的意义就必然处于和统治阶级意识形态相对立的地位"。诸如此类的"抵抗"观和"依存"观诞生于前互联网时代,研究的是现实世界中的青年亚文化实践活动,而以此观点来观照和解读新媒介时代的青年亚文化,难免捉襟见肘,力不从心。新媒介时代的青年亚文化,往往更长于表征似乎完全属于自我化或虚拟化的感性世界,而不是公然地"抵抗"现实间存在的文化形态,更不愿意与父辈或权威文化发生正面的"冲突";它们不仅抹去了横亘在主流和非主流之间的森严界限,隔断了主体与现实之间的人文关注,有时候还经常颠倒真实与虚拟的逻辑关系,将真实虚拟化,虚拟真实化。

我们必须意识到的是,出生并成长于网络时代的青少年群体,天生就与网络、手机等新媒介结缘。他们通过新媒介接受的信息远远多于传统主流渠道,比如大众传播媒介、学校教育、父辈传承等。传统主流渠道对他们精神成长的影响或许将日趋式微。与此同时，他们通过琳琅满目的新技术和新媒介产品，如 iPad、智能手机、微博、社交网络、视频分享站点、在线游戏等，畅通地传递着自己创造的文化，在信息传播、交友、玩耍和自我表达的世界中追求自治与认同。于是，青年亚文化的实践活动最终成为一种自我宣泄、自我表现、自我满足的技术方式和文化意义。网络媒介的开放性、无中心性消解了现实世界中权威、主流、父辈等对青年加以掌控的可能性，或者说，网络媒介为青年亚文化的生成、发展提供了最为自由、宽松的逃避主流文化"压抑"的庇护所。

在青年亚文化构成要素的技术重组和创建方面，网络媒介以"数据""图像""多媒介视频"的技术特质为基础，创建了一个互动、复制、仿真和拟像的世界，一个全然不同于以往的世界。正如鲍德里亚所言称的那样，在模型、符码、符号建构的类像世界里，模型和真实之间的差别被销蚀，形象与真实之间的界限被内爆，人们从前对真实的那种体验及真实的基础也一起宣告消失。新媒介的技术特征正在将众多非自然的、非真实的事项、文化和意义成分引入赛博空间，并且运用超文本或者超媒介的技术，为青年亚文化与外部现实世界的断裂创造出了一种"自然"的表现空间，遮蔽了人与现实真实关系的呈现，促成了青年亚文化表达方式的图像化转型。如此，即使在中国这样一个传统文化与现代、后现代多元文化并存的国度里，人与其所创造出来的各种社会文化意蕴之间，也同样不再是传统媒介时代那种明晰的主客关联关系，或文化符号与现实世界的直接对应关系了，而是更多地通过图像符号的表征系统去消解原有的话语体系，用多媒介符号去解构既存的文化类型和文化理念。

在这种社会和技术语境条件下，中国当代青年亚文化便以空前活跃的姿态走上了网络空间的前台，而使传统意义上的青年亚文化类型迅速移位至后台,蜕变成了所谓前新媒介时代的过气文化遗存。如果说,新媒介、新技术果真如麦克卢汉所说的那样"构成了社会机体的集体大手术",那么毫无疑问,青年群体是这种大手术的率先操刀者。他们张开双臂,热情扑向新媒介,并借助新媒介、新技术来创造出属于自身的新的文化样式。青年亚文化在以互联网为基础的新媒介的激发下,正在如火如荼地燃烧。

二

以互联网为主体的新媒介对青年亚文化发展的影响比此前几乎所有的媒介都要广泛、深刻和迅捷得多——这不仅影响青年亚文化的多样性和传播方式,也影响它所提供的亚文化文本的存在形式和功能模式,还有亚文化生存、生长的整个生态环境和文化语境,从而促成了青年亚文化的盛行。

首先,借助网络媒介的快速成长和迅捷普及,青年亚文化已经从相对封闭的"小众团体"走向开放的"普泛化"的整体青年社会。以计算机网络为代表的数字媒介,从开发之初就预设了兼容和平权的机制。技术的"傻瓜化"强化了"网络世界人人平等"的可操控性,而友好的计算机界面和人性化的网络空间模糊了现实社会中身份、性别、收入、学历等等所带来的多重差异,最大限度地吸纳了青少年群体的加入,激发了社会不同阶层青年群体参与文化创造的热情,从而让亚文化从传统的另类、小团体模式中突围,成为青年群体共同参与、共同分享的文化。与此同时,网络、手机等新媒介的普及及信息资费的低廉化趋势,冲破了青少年使用新媒介的经济壁垒,更提供了亚文化生产、传播和共享的"普泛化"和"即时性"的媒介工具。

这里所谓由"小众"走向"普泛",其实质就是使青年亚文化的话语权回归青年本体,尤其是将青年的媒介话语权交还给青年。长期以来,青年是被基于成人价值观和世界观建构的成人文化话语强行描述的,而不是由青年自己的语言来编码的。比如,芝加哥学派对城市底层青年亚文化的研究,伯明翰学派聚焦的工人阶级青年亚文化,以及中国20世纪80年代以来的摇滚和地下纪录片的研究等,这些青年亚文化的研究,尽管也突出了青少年边缘化的问题,但由于研究者基本上是来自中产阶级的成人学者,因此,他们难免将青少年群体传奇化,并且忽略那些真正意义上的"普通孩子",从而使青年亚文化生产和传播被不同程度地圈定在某个阶层或者某个文化小圈子之内。同时,由这些成人学者的话语出发,青年亚文化往往被贴上类似这样的流行标签:主流派、非主流派、危险人物,等等。然而,网络技术传播重构的新公共空间能够向几乎所有的青年群体,甚至向游离于亚文化圈子之外的青年人群开启,从而确立了青年亚文化的普泛化存在和传播。可以说,网络媒介青年亚文化的普泛化趋势是青年亚文化的一大进步,也是青年群体文化创造力的一次解放。这种由青年群体广泛参与的青年亚文化的意义还在于,削弱了传统媒介镜像下和主流意识形态话语中关于青年亚文化的"道德恐慌"评价和"妖魔化"的叙述,也溢出了基于意识形态对抗和阶级斗争理论而对青年亚文化的界说和肯定,它在更大的程度上是通过新媒介技术而自我界定、自我指涉,并直接呈现,从而具有更多属于青年亚文化主体的言说权利。而这一事实当然也"逼迫"着青年亚文化主体言说之外的亚文化理论的调适和修正。

其次,青年群体通过谙熟地使用新的媒介技术为自身赢得了更为广阔和自由的"书写"空间。比如,网络媒介所特有的虚拟性和匿名性,就为青年亚文化提供了表达的自由通路,而自由表达始终是青年亚文化得以生产和传播的基本前提，它可以使青年据此克服青春期的怯弱、羞涩、拘谨和不成熟忧虑，不忌惮成人家长般的管制，充分自由地表达自我。毫无疑问，是新媒介为青年亚文化插上了自由表达的翅膀。

再次，青年亚文化通过新媒介技术的多媒介、多兼容、多互动的诸种特性，突破了传统亚文化风格的表达惯例，获得了更自如的、多样化的表达方式，从而形成了独特的青年亚文化风格。在新媒介中，那些新的技术呈现和表达方式，比如，媒介由语言文字符号、声音符号和影像符号向综合的数字符号转变，使文化的表达突破了对单一媒介的依赖，实现了青年亚文化表征符号的"脱胎换骨"。传统意义上亚文化的"符号"，主要体现在出奇的衣着方式、独特的言行风格、小众的音乐类型等方面。如赫伯迪格笔下的朋克族，"额上的卷发和皮夹克、小羊皮软底男鞋和尖头皮鞋、橡胶底帆布鞋和帕卡雨衣、摩登族的平头和光头仔的步伐、紧身瘦腿和色彩鲜艳的袜子、紧身短夹克和笨重的街斗钉靴，这乱糟糟的一切物体能够既'各就各位'，又显得'不合时宜'，这多亏有了惊世骇俗的黏合剂——安全别针与塑料衣、既令人畏惧又让人着迷的缚皮带与绳索"。而当下的青年亚文化群体压根并不希冀借助这些出格的外在"行头"来表达亚文化的"风格"和意义，他们更青睐于使用网络媒介所带来的新技术手段和技术装置去表情达意，将真实的主体形象以匿名的方式掩藏在赛博空间里。他们除了通过风格化的音乐表达自我外，更多的技术和手段随着网络媒介的发展被不断开发和利用，如 Flash 动画、在线游戏、动态相册、多媒介视频软件及 MSN 和 QQ 等在线聊天工具、Twitter 和微博、搜索技术等。掌握这些技术的青年不再拘泥于某一种表达方式，而是杂糅了文字、图像、影像、声音等多媒介手段，轻松自如地参与到亚文化的生产和传播中。

最后，与上一点密切相关的是，青年亚文化的文化类型也迅疾由单一走向多元，致使基于网络新媒介技术的青年亚文化类型层出不穷，此起彼伏。当下，网络媒介上盛行的自拍文化、恶搞文化、迷文化、搜索文化、黑客文化、御宅族文化、游戏文化、同人女文化、Cosplay 文化等，无不寄生于网络，活跃于网络。而掌握了新媒介技术的一代青年人甚至以网络技术为"武器"，在自我与成人世界之间筑起一道自我保护的"高墙"。这种通过技术壁垒逃避和主动隔绝主流意识形态及成人世界的文化影响，在虚拟"高墙"之内演绎别样人生的青年文化态势，只有在网络技术时代才得以成为现实。

另外，新媒介的发展也促成了青年亚文化传播方式的根本改变。其中最突出的，是由单向传播转换成多向交互式传播，由滞后性传播转换成即时性传播。除此之外，青年亚文化实践活动和文本内容的便捷上传、下载和在线生成，传播者和受众角色的合成及互为转换，虚拟空间与现实社会的互动聚合，均从物质、时间、空间、技术等多方面突破了原有的社会和技术性藩篱，在青年亚文化中间几乎实现了无障碍传播。

三

毫无疑问，上述新媒介语境下形成的青年亚文化的存在和传播方式，已经赋予青年亚文化崭新的文化实践意义。其中，最典型的莫过于青年亚文化"抵抗"精神的弱化乃至失落，以及亚文化自身多样化与娱乐化、全球化与消费主义的特质。这些导致青年亚文化步入极具后现代特征的"后亚文化"时代。

一如鲍德里亚、利奥塔、哈维等声称的那样，后现代文化的一个重要特征是资本在全球范围内更深层次上的渗透和均质化。这些过程同时也产生了更进一步的文化碎裂，时空经验的改变及经验、主体性和文化的新形式。换言之，网络媒介的无深度感、暂时性、分裂性和全球化特征，促使在其基础上生成和传播的青年亚文化不再可能抵抗任何单一的政治体系、主流阶级和成年文化，他们甚至不同程度地弱化了这一文化的某些"抵抗"的特质。因此，如果依然在反抗/抵抗的层面上去认识网络媒介下的青年亚文化，便显得方枘圆凿、扞格不通了，因为我们所处的世界早已发生"裂变"，二元对立和某一主流文化始终居高临下的观念也已被多元文化观念取代。

我们看到，新媒介语境中的青年亚文化特质，在传统的"阶级"和"年龄"之外，其可变因素也呈现出空前的多元性和复杂性，诸如身体、性别、种族、民族、时尚、图像等关键词，不断进入当代青年亚文化的内核和意义场域。也就是说，新媒介催生出的青年亚文化已经不再单单囿于某种风格鲜明而固化的文化类型，相反，许多特征明显不同的青年亚文化类型共时性地陆续呈现，甚至此起彼伏，随着时间的流逝，它们不断出现、繁盛，直到消失，周而复始，生生不息。青年人也不再仅仅将自己执着地归属于某一种亚文化类型，他们经常从一种亚文化类型转向另一种亚文化类型，或者同时属于几种亚文化类型，实际上建立起法国社会学家米歇尔·马菲索里所说的"新部落"，即社会群体之间的识别不再依赖阶层、性别和宗教等传统的结构因素，消费方式成为个人创造当代社交及小规模社会群体的新形式，"新部落没有我们熟悉的组织形式的硬性标准，它更多的是指一种气氛，一种意识状态，并且是通过促进外貌和'形式'的生活方式来完美呈现的"。这种新社交方式鼓励个人以不同的角色、性别、身份自由地参与多个流动的、临时的、分散的而非固定的部落，从而在部落之间动态地、灵活地定位自我。

事实上，不同阶层及不同教育、社会环境中的青年人总是分属于各种明显不同的群体，他们在观念、价值观和意识形态上都有着极大的差异性、多样性和异质性。恰如有着中国和加拿大双重血统的学者卢克指出的，在后现代时期成长的青年，"大约要经历 16 到 18 个不同的世界……这就像是在不同文本的海洋里航行一样。每一个文本都试图将你定位、出卖你、定义你"。这样的青年亚文化样本和青年亚文化族群，在网络媒介时代，不仅出现在传统的亚文化音乐生产中，也频繁出现在听觉和视觉技术中。所有这些媒介生产及其产品都渗透和塑造了青年亚文化的面貌，从而勾勒出万花筒般的青年亚文化面貌，正如默克罗比所评述的那样，"对表层的关注越来越彰显，意义被炫示为一种有意为之的表层现象"。

在这样的情境下，"抵抗"既模糊了着力的对象，也失去了明确的方向，娱乐的特性则得以放大。网络文学由"寓教于乐"转向"自娱娱人"，网络视频聚焦重心由"艺术作品"转向"现场直录"，网络语言由"精致合规"转向"生造逗乐"，网络图像被技术率性"PS"，甚至，传统、经典、权威、主流的话语、作品和表达都面临随时被颠覆和解构的命运。一代青年对待权威的方式并不是公然地抵抗和反对，而是采用拼贴、戏仿、揶揄、反讽的手段尽情调侃和讥刺，同时获取自我愉悦和狂欢。恶搞亚文化是最典型的范例，而其他在新媒介平台上活跃的文化类型，也无不充满着这种自娱自乐和无厘头的色彩。尽管这种娱乐化的过程往往不可避免地指向空洞和无意义，但是，我们必须看到，其对所谓主流、经典、权威的解构，依然凸显出文化心理的意义向度，那就是释放激情、缓解焦虑、宣泄不满、寻找自我及个体和群体身份的认同。也因此，或可以说，新媒介语境下的亚文化在弱化了"抵抗"色彩和精神的同时，将"抵抗"的意义稀释于娱乐化的表达之中。

新媒介语境下的青年亚文化除了具有弱化"抵抗"、多元发展自身文化和偏重娱乐化的特质外，还显现出向全球化与消费主义妥协的趋向。贝斯利认为，处在晚期资本主义之后的后工业化社会中，有两大特征影响青年亚文化的生长和传播，"一是被跨国公司而不是被单一国家影响和主导的消费社会，另一个是被信息技术、媒介和服务行业而不是被旧制造业赋予特征的全球化社会"。众多跨国组织，包括微软、苹果、可口可乐、时代华纳等跨国企业，世界银行、联合国等国际政府组织及绿色和平等非政府组织（NGOs）都在带动全球化进程，使诸如全球市场、商品化、消费、互联网、国际时装等日渐互相关联，甚至可能转向全球通用。与此同时，多元文化之间的差别和冲突在全球化进程中非但没有被抹平，相反，其因为交流的便利而变得愈加突出。然而，十分悖谬的是，被企业控制的新媒介技术同时为弱势群体和个人提供了成本低廉、方便易得的传播场所，给了他们表达自己声音的极大机会。在网络新媒介世界中，谷歌、百度、MSN、QQ、Twitter、人人网、豆瓣、优酷等在全球资本、商业利益和中国经济市场化、开放化的驱动下，为持有一台电脑及上网设备或拥有一台联网手机的所有青少年人群提供了原创或传播自身文化信息的可能。同时，众多跨国企业还处心积虑地将青少年群体视为最完美的消费者，它们从市场缝隙、人口和心理特征、生活方式等全方位地对青少年加以细分，如叛逆者、"80后"、"90后"、网购族、冲浪迷、背包族等，并着眼于这些团体成员的多重文化身份、欲望需求及购买能力，有预谋地和积极地去培养他们特定的消费习惯和价值观念，从而建构起庞大的青少年消费市场。

今天的青少年更多是通过消费和市场层面而不是传统渠道，如家庭、组织、学校发现他们的身份和价值。其中，最典型的莫过于跨国公司在他们持续不断的广告运动中将消费身份和消费观念以各种炫目的手法植入青少年的认知和价值观中，从而消弭青年人在种族、阶级和性别上的区别，取而代之以时尚的风格、新的性别角色、新的认同、新的文化实践、新的家庭格局和新的社会团体等。事实上，今天的青年亚文化通过互联网络等新媒介的确能够更容易地了解外部文化，全球化的趋势也模糊了它们建立在不同国家、阶层、地域乃至性别基础上的青年亚文化特征。如果无视这一变化，我们将很难深入而准确地把握当今的青年亚文化本质。

四

新媒介技术促成的当代青年亚文化的盛行，意味着青年亚文化身份的"与时俱进"。但需要继续追问的是，新媒介语境中的青年亚文化能否真正延伸成为与主流文化交相辉映、互生互长的文化类型？新的青年亚文化能否为全社会的文化整合、文化调节与文化优化提供良性因子，从而有助于社会在追求民主、和谐中健康前行？

在某种意义上，青年亚文化似乎总是作为社会主流文化外的一种不和谐音响而被世人感知，作为一种偏离常规的乱象而令世人侧目。新媒介语境下的青年亚文化也是如此，它每每引发社会的"道德恐慌"，它往往印证着"娱乐至死"的担忧，它总是以个人主义的张狂稀释着各种集体性的凝聚力，它还可能在疏离、越轨、颠覆的行为中，破坏规范，陷入意义的虚无……所有这些，昭示着文化的断裂、社会的失序，也呼唤着文化的调整。但是，如果仅仅将所有这些作为对青年亚文化的指控，那便忽略了一个富有积极意义的观察视角，即将青年亚文化置于文化整体构成及其变迁之中加以观察。

一个显而易见的媒介文化图景是，新媒介点对点传播、传受互动乃至传受合一的特性，都可能使同质青年亚文化的呈现强度加大、加密,又使不同类型青年亚文化之间的交流、相融、再生更加便利。如此,多样化的青年亚文化不但丰富了新媒介自身的信息内容,也促使传统媒介和主流文化无法忽视网络上众多的亚文化实践及其文化符号和文化意义。事实上,网络虚拟空间的青年亚文化实践活动正在成为传统媒介跟踪、聚焦、报道的重要内容。青年亚文化已经陆续登堂入室,进入主流媒介视野,引发主流媒介关注。仅以近两年为例,人肉搜索、网络雷词、山寨春晚、贾君鹏事件、犀利哥等亚文化事件,无不是经由传统媒介介入传播后成为整个社会的文化事件的。同时,这些亚文化事件得以传播,也拓宽了传统主流媒介的传播口径,从而拓展了主流文化关于民主和宽容的理念。

不仅如此,新媒介语境下的青年亚文化实践,可能激发对主流文化的重新审视,丰富其内蕴,甚至促成新的文化整合。年轻人出于对动漫、游戏等的痴迷,自制道具和服装,扮演自己喜爱的人物。这本是一种私下的个体的娱乐活动,随着国家产业结构的调整,文化创意产业被提上议事日程,Cosplay 也因此被整合进动漫产业链中,成为重要的内容之一。可以说,新媒介为青年亚文化新的生存方式提供了可能。它们既在网络世界兴盛并影响主流媒介、主流社会、主流人群乃至主流意识形态,同时,也在与主流媒介和主流文化的协调整合中进入主流,壮大自身。更进一步而言,这实际上涉及未来文化的可能性,即青年亚文化为文化的未来发展提供最初的动力、灵感和实验。现在我们可以说,PC 的使用绝对是一种主流的技术文化,但是,许多人恐怕忘了,这一计算机文化肇始于乔布斯等人当年充满理想色彩的黑客亚文化实践。

正是在这样的意义上,自 2005 年起,我们高度而密切地关注新媒介语境下产生的一系列青年亚文化现象,并在 2008 年国家社科基金立项的基础上,对此展开全方位的理论和文化实践类型研究。丛书第一辑所收录的"迷族""恶搞""黑客""御宅""拍客""网游"及"Cosplay"仅是青年亚文化中最为活跃、影响颇大的几种类型而已,不足以代表所有的青年亚文化,但借此研究我们希望唤起主流社会和大众媒介、传播和文化研究的学者乃至全社会的高度重视,希望大家能抱着平等而非俯视、理解而非误解、尊重而非排斥的态度,与青年成为朋友,真正洞察他们之后,再因势利导,而非先入为主,树敌在先。青年是未来,谁赢得青年,谁就赢得未来。与此同时,我们也渴望这些亚文化实践的主体人群能从我们的研究中有所得益,能透过好玩、消遣、娱乐的表象,认识到自身文化实践对于自我、群体以及社会的意义和影响,从而保持源源不断的创造性和先锋性,以青年群体特有的方式,积极构建与主流文化的沟通和对话,为我们这个时代的文化创造和转型提供更多元的文化资源,为开放的文化生态贡献力量。

五

以上序言内容写于2011年末"新媒介与青年亚文化"(第一辑)出版的前夕。这套丛书共有七种,包括陈一著《拍客:炫目与自恋》,顾亦周著《黑客:比特世界的幽灵》,鲍鲳著《网游:狂欢与蛊惑》,易前良、王凌菲合著《御宅:二次元世界的迷狂》,曾一果著《恶搞:反叛与颠覆》,陈霖著《迷族:被神召唤的尘粒》和马中红、邱天娇合著《COSPLAY:戏剧化的青春》。此次重新收入的原序言仅对少数词汇和语句做了修改,主要考虑到丛书之间的延续性,也试图为迅疾变化和发展的亚文化现象和研究留下早期的痕迹。

丛书第一辑出版后我们便有了做第二辑的想法。选题几经讨论,最终于当年十月确定聚焦当时那些引人瞩目的新媒介青年亚文化实践，包括 iphone "越狱"、粉丝媒体、微博狂欢、网络涂鸦、字幕组、星座热及耽美同人。第二辑的写作与出版过程出乎意料地缓慢，前后花了近十年。在媒介技术和新兴科技频繁迭代、各领域快速向前奔跑、社会群体身不由己内卷的全速发展时代，十年太久了！在这期间，作者身份大多有所变化，研究方向也有所调整，但因为这套丛书的缘故，我们再次回归初心，克服诸多困难，坚持完成了写作，这令人倍感欣慰！当然，十年间，我们所从事的新媒介与青年亚文化研究并未停止。我们陆续出版了《青年亚文化研究年度报告》（2012、2013、2014、2015）四卷、《无法忽视的另一种力量》、《网络那些词儿》、《新媒介·新青年·新文化——中国青少年网络流行文化现象研究》，撰写了《移动互联网时代的亚文化研究》（未出版）等学术论著，始终保持着对新媒介与青年亚文化的观察和研究。

十年来，青年亚文化非但完成了前文所述的小众文化普泛化、网络空间文化实践日常化、自我表达媒介化、文化类型多样化等重要转型，而且在新兴数字技术的支持下，迅速蜕变成多种多样的时尚和潮流文化，使得青年亚文化的属性发生了一系列重大变化。主要体现为：

其一，青年亚文化已经不再是扰乱社会秩序的"越轨文化"，不再是向主导文化发起文化"仪式抵抗"的具有鲜明特色的边缘群体的文化，而是基于互联网社会化媒体"圈子"基础所形成的各种次级文化。青年亚文化与主导文化既相异又互动，两者融合共进，促进社会总体文化不断发展。首先，主导文化为青年亚文化提供了丰厚充沛的文化支撑。中华民族博大精深的传统文化、代表人类文明和新时代进步力量的先进文化、承载社会主义核心价值观的优秀文化等都是青年亚文化生成个性化风格源源不断的"文化资源池"。任何一种青年亚文化都依附于主导文化。耽美文化、涂鸦文化等从"文化资源池"中获取人设、场景、情节、语言和其他文化符号,再生成特定亚文化的风格。其次,主导文化与青年亚文化可以相互转换。曾经的青年亚文化可以成为主导文化,譬如字幕组从译介海外动漫、影视作品到译介网络公开课的华丽转身,成为知识分享的重要渠道;同理,过去的主导文化,或许也会成为今天的亚文化,比如作为国粹的京剧退隐至小众的票友文化。再次,青年亚文化具有先行先试的精神和积极探索的优势,能源源不断地给主导文化输送鲜活的文化符号和文化创新因子。这一过程,不仅能激活主导文化,使其更有活力,更深得人心,而且,青年亚文化符号融入主导文化之中,也导致一些亚文化慢慢主流化。

其二,青年亚文化实践的"新部落族群"特征愈发鲜明,字幕组、耽美圈、"越狱"者都不再单纯地仰仗地缘、职业、班级、阶层、性别等传统社会关系建构自己的社会交往,共同旨趣、相似消费、彼此共情成为个人创造当代社区及小规模社会群体的新形式。这种新社交方式鼓励人们以不同的角色、性别、身份自由地参与多个流动的、临时的、分散的而非固定的部落,从而在部落之间动态地、灵活地定位自我。随着亚文化实践准入门槛越来越低,参与亚文化实践的群体的身份也越来越多样化,小镇青年和乡村青年大量涌入,在新浪微博、短视频平台和二次元大本营B站都有着丰富多元、良莠不齐的内容分享和文化参与,从而促成亚文化规模上的去"亚"化,泛亚文化群体日渐壮大。

其三,青年亚文化持续不断地产出大量独特的文化符号,包括语言、图片、表情包、影像,也包括带有独特亚文化基因的"梗"。这些符号的所指与能指关系随着使用场景不同而流变,其文化表征和意义仅仅用单一概念,如"仪式抵抗""身份认同"等已无法深入阐释。丛书第二辑在青年亚文化娱乐化、混杂化、技术空间化等趋势及消费与创造等框架下对微博、星座、耽美、粉丝媒体、"越狱"、字幕组等网络亚文化展开分析,不仅关注语言文字、图像、视频所生产的各类文化符号所表征的风格和意义,同时也关注青年亚文化精神"抵抗"的弱化和"风格化"特征模糊之后的意义追问。微博空间中的喧哗、狂欢、批判、创意等文化实践,在获得情绪宣泄和自我愉悦的同时,也推动公共意见表达和文化创新。网络涂鸦的身体重塑、戏谑狂欢与话语游戏,既有微弱的抗争和表达,也凸显出娱乐化特性,将"抗争"的意义稀释于狂欢化的风格表达中。

其四,青年亚文化表现出更为明显的技术化和媒介化倾向。网络和数字技术是青年亚文化"圈地自萌"和形成新的交往模式的"基础设施",是青年亚文化生产、消费和传播的媒介平台,是青年亚文化表达、展演和创造的多媒体容器,也是青年亚文化多变风格和另类美学的技术底色。媒介技术则是青年亚文化于使用、消费和分享过程中形成自身价值和意义的途径、方式与空间,既拓展也限制了网络涂鸦的媒介空间和表达呈现,为粉丝媒体的不断创新提供了技术可能性,"越狱"更是以技术为核心建构起独特文化现象。数字技术的"傻瓜化"降低了进入亚文化的难度,使全民参与成为可能;数字技术又丰富了青年亚文化的表现形式,使其更吸引人。在新媒介技术的可供性开掘中,粉丝文化主体积极地建构新的亚文化媒介空间,参与文化生产和分享;网络弹幕技术改变了网民在线交互方式,更创造了一种共同在场的观影感受;AR 技术、Vocaloid 系列语音合成程序等人工智能技术将进一步改变亚文化的生态系统。

其五,青年亚文化的"平台化生存"。早期亚文化群体一般通过个人网站、论坛和邮件讨论组展开交流。初步壮大后，开始转移到商业网站（特别是门户网站）免费提供的论坛空间中。此时的商业网站尚未意识到青年亚文化的经济价值。它们提供空间主要是为吸引人气和流量。当亚文化的产业价值开始凸显时，专属的商业化平台就开始涌现出来。这里既有起始于亚文化群体且依然带着浓重亚文化色彩的平台，如 B 站、豆瓣网等，也包括更多由互联网公司以培育、扶持、收购、兼并等方式建立的平台，如起点中文网、新浪、抖音等。迄今，有代表性的网络青年亚文化基本都栖居于头部互联网大平台中。"平台化生存"为亚文化群体带来充分的技术红利。个人网站时期服务器到期或黑客入侵、门户网站时期因甲方改版被迫迁居等问题现在基本不存在了。技术又为亚文化群体带来统一的平台文化身份建制，即在亚文化生产者们被以不同等级区别之后，他们的知名度、粉丝数量、签约出版机遇及经济待遇随之发生改变，使其更具有文化生产能力。有庞大用户积累的大数据通过数据汇聚、算法、推送使亚文化实践深陷平台商业资本的逻辑之中，最典型的莫过于今日新浪微博通过平台操控将偶像文化"饭圈化"。

其六，全球跨国资本的持续不断的介入，将时尚风格、新性别角色、新身份认同、新文化实践、新家庭格局、新社会团体等消费身份和消费观念植入人们的认知和价值观中。互联网头部公司积极征用亚文化符号，也反过来成为网络亚文化最强劲的催生者和形塑者，从而将亚文化特有的文化资本转化为日渐兴盛的互联网亚文化产业。青年亚文化不再是个体单纯休闲娱乐的方式，转而成为富有个性化的生活方式，甚至成为青年人的职业选择。青年亚文化从小群体独特的文化旨趣转变成影响社会的力量：字幕组的跨文化传播对消除文化偏见、增进多元文化主体的互信互利有着积极价值；耽美文化对克服传统性别不平等及对多元性别的包容和理解起到不可小觑的影响；网络占星成为一种"新俗信"，有助于青年群体反思和建构自我，彰显了一种生活方式。

互联网高速发展并迅速融入社会生活的方方面面，深刻改变了大众，尤其是青年的生存和生活方式。互联网作为开放的网络亚文化生产、传播、消费和再生产的平台，生产主体越来越多样、参差。青年亚文化面广量大、良莠不齐，呈现出载体不一、平台影响力大小不均、监管难易程度不同等面貌倾向。如此，导致青年亚文化在整体平稳发展时有"脱轨"现象出现，有些甚至成为引爆社会舆论的热点事件。正是这些"易爆品"加大了青年亚文化发展的不确定性和风险性，比如占星、涂鸦、微博等文化实践中的低俗化、恶搞化、色情化，"越狱"、字幕组、耽美同人创作等文化实践对版权和其他知识产权的漠视，以及亚文化的某些负面现象对未成年人的不良影响等等，影响了社会主流阶层和社会大众对亚文化的客观评价，甚至引发管理部门对青年亚文化的监管要求越来越高，也由此引发亚文化的抗争、冲突和规避。一方面，主导文化需要合理包容青年亚文化；另一方面，青年亚文化需要自我净化，力争与主导文化并行不悖、融合共进。

六

"新媒介与青年亚文化"（第一辑）在发起之初，得到先后就任苏州大学出版社、清华大学出版社总编辑的吴培华先生的高度重视。他参加了提纲讨论、书名斟酌、初稿审议的多次会议，为当时尚处于边缘状态的青年亚文化研究鼓而呼，并在丛书出版遇到各种不可预测的困难时，鼎力相助，方使丛书顺利面世。他的敏锐和果敢，令人敬佩！

丛书第一辑入选"十二五"国家重点图书出版规划、国家出版基金项目，也是国家社科基金项目"新媒介与青年亚文化研究"的阶段性成果。第一辑出版后，获得了读者好评，尤其是那些文化实践的"当事人"给予的评价尤为我们所珍惜。丛书还先后获得中华优秀出版物奖提名奖、中国大学出版社优秀图书奖（优秀学术著作）、"苏版好书"等荣誉，其中，《COSPLAY：戏剧化的青春》入选2013年《中华读书报》百佳好书，获江苏高校第九届哲学社会科学研究优秀成果奖（三等奖）。丛书第二辑同样也入选"十三五"国家重点图书出版规划，并获得国家出版基金资助，这充分说明青年亚文化之于当下社会总体文化的重要性和不可忽视性。

即将面世的第二辑包括陈霖等著《粉丝媒体：越界与展演的空间》，曾一果、颜欢合著《网络占星：时尚的巫术》，陈一、曹志伟合著《网络字幕组：公开的"偷渡"》，杜丹著《网络涂鸦：拼贴与戏谑之舞》，杜志红、史双绚合著《微博：喧哗与狂欢》，顾亦周、刘东帆合著《"越狱"：自由还是免费》及本人著《耽美：性别身份的魔方》，一共七种。第二辑的出版工作得到了苏州大学出版社原社长张建初先生和现任社长盛惠良先生、原总编沈海牧先生和现任总编陈兴昌先生的鼎力支持。感谢诸位的宽宏大量。李寿春女士是丛书的具体负责人。没有她的全力协助、不懈敦促和倾心付出，这套书很可能早就夭折了！感谢所有相关编辑和设计师成全此丛书。

自2013年起，本人在苏州大学传媒学院为新闻与传播学研究生开设"新媒介与青年亚文化"课程，每年选修学生可达三四十人。同人们在苏州大学新媒介与青年文化研究中心主办的"读书部落"中研读媒介与文化的经典学术著作，分享青年亚文化研究心得，这样的交流持续了十多年，极好地维系了我们之间的友情合作。苏州大学的青年学子积极参与读书活动、课题调研、资料收集和研究工作。与他们的交流和协作给予我们源源不断的新体验、新认知和新观点。感谢十年来选课和参与研究中心学术活动的所有师生。希望青年亚文化生生不息,我们的研究也可永续!

马中红

2021年夏于苏州独墅湖畔

目录

古老而神秘的占星术 /1
神秘的占星术 /3
现代占星的兴起 /16
科学与玄学 /20

新媒介时代的"星座文化" /31
新媒介时代的"星座热" /33
以青年为主体的"星座迷" /45
一种后亚文化新部落 /53
关于网络星座热的调查分析 /60

星座：生活的指南 /69
指向生活的方方面面 /71
话语的魔方 /92
让星座"照亮我的路" /103

星座的身份政治 /111

认识你自己 /113
交流的渴望 /120
星座的身份政治学 /127

替代的信仰 /133

万事万物必有联系 /135
现代人的精神问题 /143
魔法是丛林中的"科学" /149

星座消费与大众娱乐 /155

"亚文化资本"下的星座消费 /157
星座文化的消费模式 /168
商品符号与身份认同 /185
星座文化的娱乐化 /190

主要参考文献 /202

附录 /209

关于星座认知的调查问卷 /211

后记 /220

无论是西方,还是东方,占星术均有悠久的历史。东西方占星术的发展与天文学的发展有着密切的关系,人们对宇宙的好奇催生了占星术,反过来,像卡西尔所说的那样,正是在神话的和魔术的形态即占星术的形态中,天文学才能得以产生。其实,在历史上的不同时期,占星之术不过是人类借助于宇宙观察自身的一种方式,彼得斯就说,人类用星座学的事实告诉我们,人类是属于地球这个社区的。

古老而神秘的占星术

神秘的占星术

刺眼的阳光,午后的操场,他还是站在那里,但他的脸怎么都看不清楚。

半夜3点,又是这个梦。不知道为什么,自从我认识了他,这个梦就一直反反复复出现在夜里,直到现在,成了我的一个习惯。连梦里都有他的味道,是我自己中毒太深吧。

我和他就读于同一所小学,同一所初中,同一所高中,直到初中还一直是邻居。这真的算是一种缘分吧!从小我们两家的大人关系就很好,所以,我们就在一起玩闹中度过了童年。

"有你这个哥们,我真的觉得很幸运。"在初中前的那个暑假,我对他说道。他一脸无所谓地听完我讲的这席话,丢给我一个微笑——"那当然。"

当时的我们还很懵懂……

初中生活对我的未来到底有多大影响,那时的我真的无法预料。开学的第一天,当我们自信满满地踏入教室时,发生了一件在当时真的让我始料未及的事情:全班的同学在看到他的一瞬间像炸开锅一样热切地讨论起来。"怎么突然这么吵啊?"他皱着眉头问我。"不知道啦!"我嘴上这样回答,但是我明白是因为他。他长得的确出色,五官极深邃,而且刚刚上初一,身高就已经将近180厘米,我觉得站在他旁边的我真的渺小平凡到快要消失了。

第一天就在大家不断地问他名字的混乱中结束了,而我们无法想象的初中生活才刚刚开始。

在接下来的日子里,我成了学习委员,而他则顺利地进入了校篮球队,同时担任我们班的体育委员。极为巧合的是,我们又成了同桌。在他的推荐下,我进入篮球队成了经理人,于是大部分的时间我们俩都在一起。因为这个原因,我几乎没有女性朋友。女孩子只有让我帮她们捎礼物和情书给他的时候才会跟我讲话。我还充当了媒婆在各个班帮他物色女朋友。每天放学我就把情书念给他听(他自己会扔掉)。他却从来不发表任何意见,不说好也不说不好。

"喂,你怎么搞的啊,还不找个女朋友?真是浪费了你的一张脸。唉,可惜可惜!"终于有一天我忍不住问他。

"不知道,就是觉得她们给我的感觉都不舒服不自然。你干吗非要我找一个啊?"他还是一副满不在乎的样子。

"我,身为你最最最好的朋友,当然是关心你啦!"

时间就在这种平静下过了一年。初中二年级的一天下午,在结束篮球训练后,他的一个好兄弟突然塞给我一张纸条。我打开一看,是他这个好兄弟和他在班上传的纸条。"你们俩每天形影不离的到底怎么回事啊?""什么怎么回事?""你到底喜不喜欢她?""……喜欢……但是我觉得她对我好像没感觉。"

那个下午我不知道自己是怎么走回家的,他喜欢我?他真的喜欢我?还是这只是个玩笑?这些问题反复出现在我脑海里好久,但是我一直也没有去问他。我每天不断地提醒自己我们只是好朋友。平静的生活只持续到初二暑假的一天,他突然把我约出来说有事情要跟我说。我怀着一颗惴惴不安的心。他突然对我说："我喜欢你。"我觉得时间在那一瞬真的好像停止了，书里面的故事发生在自己的身上，我觉得好不真实。于是两个小孩子就这样在一起了。

初中到高一，和他在一起的我已经习惯了女生的各种刁难，也有好多次危机，但是我们都坚定地支撑下来。我以为我们真的会一直坚持下去，我以为童话故事不是骗人的。但是我错了，彻底错了。

一个非常平常的晚上，在送完我回家的路上，他竟然出了车祸。太戏剧化了吧！这不可能是真的！车祸这种只有在电视剧里才会出现的事情竟然就发生在自己身边，我真的不相信。但是，在病房看到他的一刹那，我彻底地崩溃了。

他们全家决定移民到加拿大去治疗他的腿，因为他的伤，我们也没有机会独处，于是他就以这种戏剧化的方式走出了我的生活，走出了我的记忆。

现在的我们……

现在的他偶尔给我打电话，偶尔在网上跟我视频聊天，偶尔给我发他的照片。

他已经完全康复了，这是我唯一觉得欣慰的事情。

他说远距离的恋爱并不影响什么，但是我明白这只是在安慰我。

我们就这样错过了彼此。我和他，还有可能吗？

（有删改）

这是第一星座网的网络空间里一篇题为《双鱼座与天秤座的爱情故事》的文章，故事很快带来了阅读热度，网站也邀请网友参加问题讨论并投票，题目是"阅读完这个星座故事，你是否相信美好如童话的爱情？"在这波热度下，"星云鉴定团专家"也给出了如下"建议"：

> 这是一个双鱼与天秤的故事。这个爱做梦的可爱女生是双鱼座的，而这个帅气阳光的男孩子是天秤座的。在浪漫方面，双鱼座和天秤座可以说是12星座里数一数二的，也许只有这样的组合，才能谱写出令人羡慕的爱情童话吧。
>
> 女生的月亮也是天秤座，而且正好与男生的太阳相合，这是最佳搭档的标志哦！有人说这种日月的合象就是夫妻相。男生的月亮在巨蟹座，是个非常重视过去的人，像故事里这样青梅竹马的恋情，一定是男生刻骨铭心的。
>
> 两人在组合盘上太阳合水星，拱木星，也拱月亮，形成两个漂亮的大三角。两人在一起的感觉真诚、美好、轻松、自然，仿佛在和另一个自己相处一样，真的非常让人羡慕。然而也许越美好的感情，越容易碰上命运开的玩笑吧，车祸——让两人之间有了几万千米的距离，让人一下子看不到未来。
>
> 好在两人都还很年轻，十七八岁的年纪有着太多的变化，如果真心不变，那么一切皆有可能，希望这一段美好的感情不会被老天捉弄吧。[①]

（有删改）

[①] 佚名. 双鱼座与天秤座的爱情故事[EB/OL].(2005-08-22)[2018-10-12].https://www.d1xz.net/astro/aiqing/art2252.aspx.

上面这个关于双鱼座、天秤座的星座故事，就属于今天在网络和生活空间里十分流行的星座文化。何为星座文化？这就要说到两千多年前，西方古老的占星文化了。

距离伦敦约两个小时车程的索尔斯堡，有一个极为著名的巨石阵（Stonehenge）。巨石阵的巨石以两个同心圆的方式排列，在巨石的外围有由56个坑洞所排成的圆，以及一块被称为"脚跟石"的石头。科学鉴定表明，巨石阵的建立年代大约始于公元前3 000年，而整个巨石阵则于公元前1 000多年完成。这些巨石阵在许多不同的文化中都可以见到，它们是最早的日历，在早期农业社会中形成。这些巨石的构建以春分、秋分、夏至和冬至为基础，此外，环形的巨石阵还可以用于标记月相，它们是现在保存最完整的古代天文观测地。彼得斯认为巨石阵具有重要的天文学意义。他甚至认为据今10万年到30万年前的法国拉斯科的洞穴壁画也可能是占星术的起源，"其中包括一幅公牛的图像，其肩膀上方有六个点，有人猜想它们描绘的是金牛座和昴星团，这些壁画很可能是先民用来记录历法的。如果真是这样，这意味着观星行为和埋葬、艺术、性、装饰和仪式等一样是早期现代人类最为关注的事情，这也意味着数千年来，某些天象（如星座）在不同文化中都以相同的方式被人类描述和解读"[①]。

西方占星术起源于美索不达米亚平原上的古巴比伦文化，而古巴比伦文化的主体是由居住在这个区域的苏美尔人和阿卡德人所建立。公元前2 000年左右，苏美尔人在乌尔和乌鲁克建造了七级的庙，每一级代表一个天体：月亮、太阳、水星、金星、火星、木星和土星。苏美尔人和阿卡德人的祭司必须向

[①] 约翰·杜海姆·彼得斯. 奇云：媒介即存有[M]. 邓建国，译. 上海：复旦大学出版社，2020：187.

君王报告日食与月食的时间,并扮演吉凶祸福的诠释者。古巴比伦人将天球上太阳经过的轨道区分为 12 个区域,也就是现代黄道十二宫的原始形态,对古巴比伦人来说,黄道最重要的功用就是计算日期,也就是日历。

虽然在公元前 1 000 多年,美索不达米亚平原上的亚述人就将领土扩展到地中海与小亚细亚区域,但在古巴比伦人与波斯人将占星术传入古埃及之前,当时的埃及已发展出了一套神秘的"占星学",不过,其与后来吸收古巴比伦文化而发展出来的"占星学",有相当程度的不同。公元前 2778 年,古代埃及最精确的历法诞生了。古埃及人学会通过观察天狼星的位置来预测尼罗河洪水的出现与消退,古埃及金字塔的四边也是按照天的四个方向确定的,它们应该为法老死后的灵魂升天铺平道路,而法老的灵魂则是北极星。古巴比伦文化传入后,在其影响下,古埃及人将黄道分为 12 个星座,公元前 1 000 多年,占星术传入爱琴海领域,之后的 1 000 年间,虽然占星术在希腊与罗马世界仍广受欢迎,但占星术与天文观测的发展没有很大变化。公元前 4 世纪,亚历山大大帝统治整个地中海地区,进而促进了整个区域的文化融合,巴比伦的占星术影响到波斯、埃及,也影响了犹太人的宗教与哲学,促使占星术更快进入希腊的世界。公元前 360 年,柏拉图提出"宇宙是由天球与地球所构成"的宇宙观,在《对话录》和《蒂迈欧篇》中,柏拉图的宇宙观已经有了明确的轮廓,包括四元素及天球理论,而经由他与弟子亚里士多德的宣扬,这样的学说也成了当时最流行的天文概念。

大约和柏拉图同一时期出现的学者希波克拉底被尊称为"西洋医学之父"。在他的研究当中,最著名的就是把医学和占星结合的"四体液说"——利用与血液、黏液、黑胆汁、黄胆汁等相关的理论,观察风火水土四元素与人体的关系。在当时，占星术已经应用到个人生活的范畴里，星座与相对应的人体器官的概念也已经形成，而人的身体与星空辉映的"小宇宙观"也在这种学说下表露无遗。事实上，"天上如是，人间亦然"的小宇宙观，早在古巴比伦时代就存在，只是在希腊哲人的整理之后变得更加完善。公元前280年左右，古巴比伦人贝乐索斯在柯斯岛著书并开班授徒，揭开了占星术的神秘面纱，使得占星成为一大显学。再加上受到"人体就是一个小宇宙"观念的影响，占星术逐渐走出宫廷，从原来的为君国解释天意的功能，转而发展出个人占星图的绘制与解读，而这也就是今日占星术能够如此广泛的起因。

在罗马统治的早期，占星术仍占有相当重要的地位，甚至有人没看星图前不敢出门，这或许有些夸大或讽刺，但也反映出占星术在当时受欢迎的程度。不过好景不长，兴盛接近两三千年的占星术，却因为西方基督教的兴起与北方民族的入侵开始没落。

约公元5世纪到13世纪，因为欧洲连年的征战，几乎所有占星术的重要文献都付诸战火，保留在教堂的著作也因为基督教的禁令无人敢碰，许多重要典籍甚至因为皇帝的命令而被烧毁，占星术的发展在这时也几乎停摆。与此同时，原本隶属于罗马帝国的古埃及与小亚细亚地区成为阿拉伯人的天下，他们大量且快速地吸收了古典时期（前5世纪—前4世纪中叶）的学术成果，不仅将许多希腊文著作翻译成阿拉伯文，更于9世纪在巴格达城建立图书馆，收藏西方古典时期存在亚历山大城的书籍，占星术也因此进入了阿拉伯人的世界。直到文艺复兴时期，这些文献才又从阿拉伯文译回拉丁文，并重回欧洲。

中世纪前后的一段时间，占星术在基督教的镇压下几乎已经消失殆尽，只能以黄道上的符号出现在使用的历法上，占星术在欧洲沉寂了一段时间之后，又借着阿拉伯人的著作回到了欧洲。12世纪，阿拉伯人阿布马谢的作品《天文学入门》被翻译成拉丁文进入欧洲，开始了占星术的另一个阶段。公元1125年，波隆那大学将占星术列为正式的学科，可见占星术逐渐在中世纪社会中产生影响。到13世纪，占星术逐渐恢复了以往的势力，神圣罗马帝国的腓特烈二世在位时，身边就常跟着一群占星家，而他对其中一位名叫米歇尔·史考特的占星家的测验也是最广为流传的——他要求米歇尔·史考特猜他今天会从哪个城门出城，占星家把答案写下后，狡诈的腓特烈二世故意不走原本的城门，硬是在城墙上弄出个洞再从中走出来。出了城堡之后腓特烈二世打开封条，上面写着"国王今天将会从一个新的出口出城"，米歇尔·史考特也因此成为中世纪知名的占星家。

文艺复兴时期可以说是占星术的全盛时期，文艺复兴在历史学上的定义，就是欧洲人试图恢复以往古希腊罗马时代的人文精神。随着资本主义在意大利的威尼斯、佛罗伦萨等城市萌芽、发展，欧洲文艺复兴时代到来。新兴资产阶级中的一些先进知识分子，借助研究古希腊、古罗马的艺术文化，通过文艺创作来宣传人文精神，占星术得到了空前的繁荣。此时，无论是社会，还是欧洲的宫廷与教会，都弥漫着一股占星的风气。当时占星术应用广泛，皇帝加冕、医疗诊病，以至于失物寻人，无不诉之于占星术，占星术遂变成解答万事万物现象的通识学问。到这个时候为止，天文学家往往同时也是占星家，如第谷·布拉赫、约翰内斯·开普勒。开普勒显然也将占星术作为一门学问，他是虽然不相信天体的位置可以用来预言地球上的事物的发生，但是他相信天体对地球上的事物的影响。

到了17世纪，占星术在西方开始没落。随着工业革命的脚步越来越近，科学界对占星术的理性批判也日益增多。1666

年，法国的大学开始禁止教授占星术，因为牛顿的机械力学体系可以给予天体一个全新的物理学解释。同时，研究精神现象的、更为"科学"的心理学出现了。这些都从根本上动摇了占星术的地位，理性主义的兴起与科学革命的出现，从哲学的根本与科学的观点挑战占星术，望远镜的发明彻底分开了天文学和占星术的道路。哥白尼、伽利略等人发表天文观察成果，提出"日心说"观点，从根本理论上反对占星术。科学思想在欧洲不断壮大，民智渐开，占星术失去原有魅力，成为民间方技及神秘学的支流。当然，像彼得斯所说的那样，"今天，天文学家仍在使用黄道带和星座以方便标识宇宙空间，这说明，有些事物尽管在认识论上不一定站得住脚，但为图方便人们仍然会继续使用它们"①。

到了18世纪，欧洲经历法国大革命、英国工业革命等一连串革命，在改变人民政治思想的同时，亦进一步发扬了科学进步的思想。此时占星术在欧洲让位给科学，只在民间仍有一定影响力，而一些占星家吸收了科学研究精神，开始默默地改革占星术。

占星文化不仅在西方有着悠久的历史，在中国同样历史悠久。中国最早的文字甲骨文，就是古代巫师占卜的记录。"巫"字在甲骨文里，就是指上通天文，下通地理的人。这些巫师通常是通过观察日月星的情况，来帮助君王对人间的各种事情比如战争、自然灾害、祭祀、登基大典等做出决策，是国王和皇帝最重要的助手之一。在中国古代，占卜师最重要的依据就是八卦（图1-1）和《易经》，八卦相传是由伏羲所创造，"卦"的意思就是"占卜"，根据天上日月星辰

---

① 约翰·杜海姆·彼得斯. 奇云：媒介即存有[M]. 邓建国，译. 上海：复旦大学出版社，2020：187.

图1-1 八卦

的运行来对宇宙和人世间的一些事情做出判断,所以日本学者桥本敬造在《中国占星术的世界》中就说:"在中国文化中诞生的、具有代表性的占卜,众所周知的是《周易》。《周易》也能够说成是中国的占星术。"①

据说,在周文王被殷纣王囚禁的七年里,他对伏羲的八卦进行了改造,将八卦推演成六十四卦,这就是著名的《周易》。《周易》其实就是通过"占卜"对出行、农事、战争和婚丧嫁娶等各种宇宙和人世间的事情进行预测,这些预测当然由精通占卦的巫师来操控。例如乾卦:

乾 ☰ 乾上
　　 乾下

乾:元亨利贞。

初九:潜龙勿用。

九二:见龙在田,利见大人。

九三:君子终日乾乾,夕惕若厉,无咎。

九四:或跃在渊,无咎。

九五:飞龙在天,利见大人。

上九:亢龙有悔。

用九:见群龙,无首吉。②

---

① 桥本敬造.中国占星术的世界[M].王仲涛,译.北京:商务印书馆,2012:序1.

② 王弼,韩康伯.周易注疏[M].陆德明,音义.孔颖达,疏.北京:中央编译出版社,2013:13-20.

这一段就是根据天上的星象来了解人间的吉凶,"初九:潜龙勿用",是说龙星在秋分时候潜隐不显,这是不吉利的。"九二:见龙在田,利见大人"是说龙星出在天田星旁,这对王宫大人们是有利的。又如"蒙卦",批评了那些不相信占卦的人,"匪我求童蒙,童蒙求我。初筮告,再三渎,渎则不告。利贞"。这位占卦师说,蒙昧愚蠢的人来请我占卦,我把第一次占卦的结果告诉他,但是他不恭敬地再三占卦,对这样不恭敬的人,神灵是不会将情况告诉他的。通过"占卦",人们就可以获知各种各样的信息和情况,规避一些人世间可能遇到的各种风险。而要改变不好的命运,往往也要根据巫师所提供的一些方法去做,比如在生病期间,要想身体好得快一点,要做到不亲近女色;部队要想打胜仗,首要遵守的是军纪严明。例如《师卦》主要是对军队打仗的吉凶进行"占卦":

师 ䷆ 坤上
坎下

师:贞,丈人,吉,无咎。

初六:师出以律,否臧凶。

九二:在师中,吉无咎,王三锡命。

六三:师或舆尸,凶。

六四:师左次,无咎。

六五:田有禽,利执言,无咎。长子帅师,弟子舆尸,贞凶。

上六:大君有命,开国承家,小人勿用。①

作战的统帅问军队出征的情况,占卦师说没有什么危险,

---

① 王弼,韩康伯.周易注疏[M].陆德明,音义.孔颖达,疏.北京:中央编译出版社,2013:74-78.

不过，在军队行军打仗过程中，一定要纪律严明，如果士兵不遵守纪律，必定会打败仗。这其实就是通过"占卦"告诫军队的统帅和士兵，平时应该注意哪些事项，才能赢得胜利。《周易》其实就是用一种二元对立的辩证法眼光，理解和认识人世间各种各样的事情，以帮助当时的人们正确地应对各种各样的事件（自然的和非自然的）。当然，在古代社会，人类对宇宙和人间的许多现象都不是很明白，而《周易》将人世间的许多现象神秘化，强调许多事情都是上天的作用，人不能违背天的意志。在古代，许多巫师通常本身就是国王或者未来的国王，例如周文王本身就是未来的君王。弗雷泽在他研究巫术的经典著作《金枝》中就这样说："当我们指出古代国王通常也是祭司的时候，并未详尽阐明其官职的宗教方面的内容。在那些年代里，笼罩在国王身上的神性绝非是空洞的言词，而是一种发自坚定的信仰的表达。在很多情况下，国王不只被当成祭司，即作为人与神之间的联系人而受到尊崇，而是被当作神灵。他能降福给他的臣民和崇拜者，这种赐福通常被认为是凡人力所不及的，只有向超人或神灵祈求并供献祭品才能获得。"①

桥本敬造认为在中国古代，天文、天官等词语都和占星术有着极大的关系。他认为，司马迁《史记》中的《天官书》和《周易》是中国古代经典的占星著作。"天官"这个词和天文有着同样的意义。司马迁的《史记》里就有《天官书》一篇，是天文学的古典著作，同时也可以将其定位为占星术的古典著作。这一篇的题目也呈现出中国初期占星术的特色，即其是为了统治者，为了王朝国家而存在的。一言以蔽之，具有军国占星（Judicial Astrology）的性质。与古希腊时代（前4世纪—

---

① 弗雷泽. 金枝[M]. 汪培基，徐育新，张泽石，译. 北京：商务印书馆，2012：23.

前1世纪）形成的为预见个人命运而描绘的天宫图（Horoscope）的占星术目的不同。在中国文化中出现的这种天宫图式的占星术是从外来文化的佛教文化中传入的，南北朝（420—589）到隋唐时代（581—907）才开始发展的。这和既有的阴阳说等理论结合起来，再次发展成了中国式的占星术。[1] 从桥本敬造的介绍里可以看出，中国古代占星主要是为君王和国家统治服务，而古希腊的占星术则是为个人命运服务，在中国，西方意义上的、注重个人命运的占星术是从南北朝时期随着佛教文化的传入才逐渐发展起来的。

总之，中西方的占星术发展均与天文学的发展演化相关，对占星术认识的变化也反映了人们对天文学和人类自身认识的变化。"如果人首先把他的目光指向天上，那并不是为了满足单纯的理智好奇心。人在天上所真正寻找的乃是他自己的倒影和他那人的世界的秩序。人感到了他自己的世界被无数可见和不可见的纽带而与宇宙的普遍秩序紧密联系着的——他力图洞察这种神秘的联系……由此就不难理解，为什么最早的天文学体系的空间不可能是一个单纯的理论空间。它不是由抽象几何学意义上的点、线和面所组成的，而是充满着魔术般的、神圣的和恶魔般的力量。天文学的首要的和基本的目的在那时是要洞察这些力量的本性和活动，以便预见并避免它们的危险影响。只有在这种神话的和魔术的形态即占星术的形态中，天文学才能得以产生。"[2]

---

[1] 桥本敬造.中国占星术的世界[M].王仲涛,译.北京：商务印书馆，2012：序3.

[2] 卡西尔.人论：人类文化哲学导引[M].甘阳,译.上海：上海译文出版社，2013：6.

现代占星的兴起

17—18世纪，英国工业革命之后，随着科学主义思想的盛行，占星术被当作迷信遭到批判而逐渐衰落。不过，桥本敬造认为"占星术在确立近代合理科学的同时，被从科学的领域中驱逐了出去，因此走向发展的道路，这反而使之融入了大众文化"①。

到19世纪，沉寂了好一段时间的占星学开始被社会大众重新发现并受到重视。"通神学会"与"神秘结社"在英国兴起，这是造成占星术再度兴盛的关键。魔法及宗教的研究，结合了近代物理、化学中的电力、能量、磁场等概念，虽然模糊，但也慢慢地都加入占星家的思想当中，这当中最著名的就是英国占星家艾伦·里奥。艾伦·里奥在加入"通神学会"后，与朋友共同创办了一份十分畅销的《占星家杂志》，他同时还出版占星学书籍，开办占星课程，以通俗简易的说法解释艰深难懂的占星术语，现在报纸杂志的每周星座运程所用的太阳星座便是由他一手建立的。有人称艾伦·里奥为"现代占星之父"，从他开始，占星学以另一种形式深入民心，亦益通俗化。

19世纪末期，心理学受到弗洛伊德等人的宣扬，成为一门吸引人的新兴科学，而弗洛伊德的亲密战友，另一位著名的心理学家荣格对神秘学当中的炼金术与占星术特别着迷，晚年的荣格，更是将占星术与心理学结合起来，用其分析人的性格和心理，他的思想影响了今日欧美十分流行的"心理占星学"。

---

① 桥本敬造. 中国占星术的世界 [M]. 王仲涛, 译. 北京：商务印书馆，2012：序1.

荣格在其著作《寻求灵魂的现代人》中就从心理学的角度看待古代的通神学、神灵学和占星术,他说:"我们在通神学(theosophy)、神灵学(occultism)、占星术(astrology)等诸如此类的现代运动中都能发现这种对心理的兴趣。"① 他将这些都看成与心理学有关系,人们之所以相信这些,是因为这些都可以从心理学的角度加以解释。他还从心理学的角度对东西方占星术与个人类型划分之间的关系进行了说明:

> 从最遥远的时代开始,人们就不断地企图对个人进行类型划分,他们希望以此将秩序引进混乱之中。就我们所知,在这个领域内最古老的尝试就是东方星相学家发明的所谓气、水、土、火四元素和十二宫。气宫组按其出现在星相图中的位置由黄道十二宫中属"气"的三宫组成,即宝瓶宫、双子宫和天秤宫;火宫组由白羊宫、狮子宫和人马宫组成。根据这一古老的观念,出生在这些宫内的任何一个人都禀赋了气性或火性,并且显示出与之相应的气质和命运。这一古代的宇宙论体系便是古典生理类型理论的始祖。根据古典的生理类型理论,上述四种气质分别与人体中的四种体液相对应。先前为黄道十二宫所代表着的那些东西后来被表现在希腊医学之中,用生理学的术语把它们分类为黏液型(phlegmatic)、多血型(sanguine)、胆质型(choleric)和抑郁型(melancholic)。这些术语仅仅代表着人体内假设的四种体液而已。大家都非常清楚,这种分类法延续了将近17个世纪;至于星相

---

① C.G. 荣格. 寻求灵魂的现代人 [M]. 苏克, 译. 贵阳: 贵州人民出版社, 1987: 33.

学的类型理论,至今则完好无损,甚至还在成为一种新的时髦。这不能不使有识之士感到吃惊。①

荣格认为现代人还在相信星相学令人吃惊。但是在19世纪,随着科学的日益兴旺发达,占星术这种古老而神秘的东西又开始受到人们的欢迎。占星家们开始试图将占星术与科学相结合,许多欧美占星师纷纷挂起心理占星学派的名号。无论他们是否修过心理学,都大量地使用如"非因果关联性""原型"之类荣格等人创造的心理学用语,来装点他们的星图并加以解释。还有一部分占星师,通过搜集大量名人、运动员的星盘,进行统计研究,试图找到地球上的生命受到宇宙中行星颤动影响的证据。

进入20世纪,科技越来越发达,占星术不仅没有消退,反而与时俱进,越来越繁荣。在今日的东方,占星术的盛行势不可挡。在日本,占星术十分流行,并反映在文学创作中,其中最著名的一个案例是日本著名的推理小说作家岛田庄司1980年发表的《占星术杀人魔法》,小说描写了发生在40多年前的一桩"占星术"连续杀人案,画家在密室中被人袭击死亡,大女儿在家中被人奸杀,其他几个女儿也相继失踪,尸体陆续被埋在全国各地,每个人的身上都被切割了一块。而故事的离奇之处在于,死亡的画家死前留下了"手记",自白他要根据"占星术"肢解重组六个女儿。这桩神秘的"占星术"杀人案在40年里没人能够破解,而40年后,一位侦探(其本职是占星师),介入到这个案件中,在一个星期之内将案件

---

① C.G.荣格.寻求灵魂的现代人[M].苏克,译.贵阳:贵州人民出版社,1987:94.

破解。①

在 20 世纪初期的中国，在《新青年》等杂志引进"德先生"和"赛先生"的同时，"灵学"也在悄然生长。据黄克武《民国初年上海的灵学研究》一文所述，当时的上海、北京等地成立了许多"灵学"研究会，例如北京的"悟善社"，上海的"灵学研究会""灵学研究社""预知研究会"等，还出版了《灵学要志》等书籍。许多学会的会员不仅限于当地，更遍及全国及海外各地。灵学会借助东方的佛学、道家，以及西方的占星术、催眠术和现代心理学，试图对各种各样的灵异现象做出解释。这些学会当然被不少人批判是在搞"迷信"活动。今天，占星术虽然没有进入中国大学的课堂中，但是在社会上的影响不容小觑。香港、台湾地区的电视娱乐节目中大量出现男女星座配对，被大陆青年人接受、喜爱并流传开来。而我们在后面会进一步讨论到，随着互联网在中国的发展，借助于网络平台，占星术遍及新浪、搜狐、腾讯、凤凰网等各大网站，网络占星也成了一件荣格所说的"新的时髦"，不仅年轻的大学生争相追逐，许多中老年人也沉溺其中。青年人当然是其中的主体，虽然今天大多数青年人不能说出一套一套的占星术语，但是几乎每个人都熟知自己的星座及各自的"星座性格"。"你是什么星座的？"几乎与年龄、生日一样，已经成为社交中区别每个人的"必备标签"之一。在商业领域，十二星座"星座物语"渗透到服饰、挂饰，甚至是互联网行业，每个星座独特的标志更能满足现代人对彰显个性的需求。

从古老的"印度占星学"到新兴的"汉堡学派"，从传统

---

① 岛田庄司. 占星术杀人魔法 [M]. 王鹏帆, 译. 北京: 新星出版社, 2008.

的"时辰占卜占星学"到"心理占星学",占星文化发展至现代,形式多样,花样繁多。但总的来说有几种趋向:一种是在传播的技巧上不断进行花样的创新;一种是专业的占星师精心研究古代占星理论,试图用最原汁原味的占星术来为今天的人们占星;还有一种情况,就是大部分沉溺于占星术的一波人,其实仅仅是将其当作一种游戏娱乐。桥本敬造在思考占星术为何在不同时代、不同文化中都被人们接受时就说:"占星术为什么被一般人接受了呢?因为人或人的社会与围绕着它的自然、宇宙是不可分割的,在那里发生的现象或天体绕行如何和人生及社会变化结合起来,这是人们想知道的,也是占星术所要尝试的,而且占星术将其融合进了日常生活或常识性的思考方式中。"① 占星术能够很快融入日常生活中,并被人们用来解决个体所遇到的难以解决的现实问题,这恐怕是占星术在当代社会流行的重要原因。

科学与玄学

如何从文化的视角理解形形色色的占星术呢?这里不得不思考科学与占星术的关系。在人类的发展历史上,近代社会一个重大的变革就是科学思想兴起。占星、宗教和迷信等各种各样的文化现象被视为封建迷信而遭到了科学主义人士的批评。马克斯·韦伯认为早期的人类思想混沌,是一个"含魅的社会",各种学科之间的分野也不是很明显,但是随着现代社会分工意识的增强和科学主义观念的盛行,社会不断走向理性化、合理化和专门化:"我们这个时代,因为它所独有的理性

---

① 桥本敬造. 中国占星术的世界 [M]. 王仲涛, 译. 北京: 商务印书馆, 2012: 序 1-2.

化和理智化，最主要的是因为世界已被除魅，它的命运便是，那些终极的、最高贵的价值，已从公共生活中销声匿迹，它们或者遁入神秘生活的超验领域，或者走进了个人之间直接的私人交往的友爱之中。"① 理性化、科学化的结果使得宗教、占星学等各种各样的神秘主义的东西逐渐"祛魅"，在理性化和科学主义原则之下，整个世界被分为无数个具体的、专门化的学科领域，比如政治、科学、经济和文化，而科学领域里面又可以分为天文学、生物学、物理学、化学等。从个人、社会到国家组织，各个方面均是按照合理化原则建构起来的。本来，古代的占星术与天文学密不可分，占星家不仅是天文学家，同时也是历史学家和军事理论家。但是望远镜的发明使得天文学与占星术彻底分道扬镳，哥白尼与伽利略的"日心说"更是从根本理论上反对占星术。18 世纪，法国大革命、英国工业革命等进一步发扬了科学进步的思想，占星学在欧洲的地位彻底让位于科学。

到了 20 世纪，虽然借助于荣格的心理学，星座占星学日益兴起，以一种神秘、简单及极具娱乐性的方式"重拾青春"，但是科学界对于占星术依然是持批判的态度。1975 年，186 名世界一流科学家（其中有 18 名诺贝尔奖获得者），包括一些哲学家，在美国《人文主义者》杂志上发表了一份反对占星术的联合声明。在这份声明里，他们对占星术影响力日益扩大表示了强烈的担心，同时认为没有科学理论可以支持占星。这份 186 名学者的联合声明所引发的争议，让主流科学界开始关注占星术的科学检验问题，这也是历史上对占星术进行的 500 项科学检验中，至少有 330 项是发生于 1975 年之后的重要原因。

---

① 韦伯. 学术与政治：韦伯的两篇演说 [M]. 冯克利, 译. 北京：生活·读书·新知三联书店, 1998：48.

1999年，32名俄罗斯科学家和哲学家又一次以发表声明的形式向社会紧急呼吁反对占星术。而在中国，20世纪二三十年代，在《东方杂志》《努力周报》《时事新报》等报纸杂志上曾经爆发了著名的"科学与玄学论战"，丁文江、张君劢、梁启超、胡适、陈独秀等人都参加了这次大论战。论战主要涉及科学与玄学的关系：在当时，有一批人认为现代社会处在一个科学时代，人们不应该再去相信宗教、迷信等玄学思想，而另一派则认为，科学不能解决人生的所有问题，宗教等玄学思想仍然是有作用的。当然，讨论这个问题还有一个重要的背景，在当时，中国人的思维和行动及文化往往被认为是不科学的，而西方则代表现代科学。

无论是在东方，还是在西方，科学与宗教、占星术之类的玄学之间的论争其实从来没有停歇过。从狭义的科学角度而言，对占星术进行科学检验其实是完全行不通的，占星术与科学的不同在于它可以完全建立在主观的经验之上，而不是以基本科学为基础。从这一角度来看，在1975年众多占星师对科学家使用科学手段对占星术进行检验提出反对时，其实已经将占星术剥离现代科学的范畴。

其实，在人类历史上，科学与占星术等玄学之间的关系本身是复杂的。从某种意义上来说，科学与玄学的一个共同目标是都解释宇宙中各种各样令人困惑的问题：人类生老病死、鬼神灵魂等终极问题，乱伦、凶杀等各种人世间的道德伦理问题等。而科学和占星术分别从不同角度给予了回答，例如对一个犯有乱伦罪的人，有人会从生理学的角度来解释这个人的行动，但是占星术等玄学会将人的行为动因归咎于某种神秘的力量。颇有意思的是，人类科学的发展，始终是和宗教、占星等所谓的迷信活动联系在一起的，甚至可以说科学的进步，许多时候也有赖于各种各样的玄学思想。例如芒福德在《技术与文明》中，就讨论了各种神秘思想与现代科学发明之间的关联，他说《天方夜谭》中的飞毯、欧洲神话中的神行靴、童话中的许愿戒指，都证明人们想飞，想高速旅行，想将空间变小，想去除距离的障碍。与此同时，人们总是希望能够摆脱体弱多病的状态、摆脱让自己早早失去活动能力的痛苦、摆脱危及生命的疾病的折磨，特别是在中青年的时候。神可以是超凡脱俗的，他们可以不受空间和时间的约束，也无生老病死的问题，总是长生不老。① 在此幻想下，各种各样的通灵术、占星术和宗教产生，而这些幻想也是推动科学发展的动力，人类的飞翔梦想便是通过飞机的发明得以实现的。芒福德通过"魔法"这个术语，来说明科学与玄学之间的复杂关系：

> 魔法与纯粹的想像（象）一样，是通往知识和能力的捷径。但即使根据最原始的宗教（萨满教，shamanism），魔法既有戏剧的成分，也有行动：如果要用魔法杀死自己的仇人，人们至少要做个仇人的蜡像，用针刺入其内……
>
> 没人能够精确说明，魔法如何变成了科学，经验如何变成了系统的实验，炼金术如何变成了化学，星相学如何变成了天文学，或者简单来说，何时不再是直接显灵或仅仅满足一时的欲望。魔法的两个最大的不科学之处，大概一是保持神秘，二是急于显山露水。根据阿格里科拉的说法，16世纪的炼金术为使其实验得到成功，会毫不犹豫地将黄金藏在用来炼金的原材料之中。很多永动机的发明也用了类似的手

---

① 芒福德. 技术与文明 [M]. 陈允明，王克仁，李华山，译. 北京：中国建筑工业出版社，2009：35.

段,将上了弦的发条暗藏其内。蒙骗,加上一点科学知识,人们就这样应用了魔法,或生产出了魔法。①

芒福德指出了星相学和天文学、魔法和科学之间的内在关联,他还指出,正是在科学主义日益昌盛的17世纪,许多杰出的科学家如伽利略、笛卡尔、莱布尼茨、牛顿、帕斯卡,本身也是虔诚的信徒,他们相信宗教和各种神学、灵学思想,倒是一些人文主义者常常是怀疑论者和无神论者。

科学与玄学或许本来就不是泾渭分明的。古巴比伦人将黄道划分为12个区,古埃及人后来受古巴比伦文化的影响,才将其划分为12星座。无论是"黄道十二宫"还是后来的"十二星座",它们最初都是用来记录宇宙规律的日历,在机械表具尚未产生的古代,这是极其重要的工具。同时,当时的天文学家也是占星师,他们利用自己上通天文、下晓地理的知识优势,来解释宇宙里的许多现象,根据所指定的星盘,推测个人、君王和国家的命运。不管是在东方,还是在西方,"占卜师"(巫师)都在国家和个人生活中占据着重要的位置。而且按照弗雷泽的分析,巫师在实施巫术的时候,必须严格按照规则——自然规律行事才能显示其神通:

> 交感巫术整个体系的基础是一种隐含的,但却真实而坚定的信仰,它确信自然现象严整有序和前后一致。巫师从不怀疑同样的起因总会导致同样的结果,也不怀疑在完成正常的巫术仪式并伴之以适当的法术之后必将获得预想的效果,除非他的法术确实被另一

---

① 芒福德. 技术与文明 [M]. 陈允明,王克仁,李华山,译. 北京:中国建筑工业出版社,2009:36-37.

位巫师的更强而有力的法术所阻扰或打破。他既不祈求更高的权力，也不祈求任何三心二意或恣意妄为之人的赞许，也不在可敬畏的神灵面前妄自菲薄，尽管他相信自己神通广大，但绝不蛮横而没有节制。他只有严格遵从巫术的规则或他所相信的那些"自然规律"，才得以显示其神通。哪怕是极小的疏忽或违反了这些规则或规律，都将招致失败，甚至可能将他这笨拙的法师本人也置于最大的危险之中。如果他声称有某种驾驭自然的权力，那也只是严格地限制在一定范围之内，完全符合古代习惯的基本威力。因而，巫术与科学在认识世界的概念上，两者是相近的。二者都认定事件的演替是完全有规律的和肯定的。并且由于这些演变是由不变的规律所决定的，所以它们是可以准确地预见到和推算出来。一切不定的、偶然的和意外的因素均被排除在自然进程之外。对那些深知事物的起因，并能接触到这部庞大复杂的宇宙自然机器运转奥秘的发条的人来说，巫术与科学这二者似乎都为他开辟了具有无限可能性的前景。于是，巫术同科学一样在人们的头脑中产生了强烈的吸引力，强有力地刺激着对于知识的追求。它们用对于未来有着无限美好的憧憬，引诱那疲倦的探索者、困乏的追求者，让他穿越过当今现实感到失望的荒野。巫术与科学将他带到极高的山峰之巅，在那里，越过他脚下的滚滚浓雾和层层乌云，可以看到天国之都的美景，它虽然遥远，但却沐浴在理想的光辉之中，放射着超凡灿烂的光华！①

弗雷泽用诗性的语言，说明了科学和巫术在本质上的共同性。而我们在后面也会指出，今日的网络占星，在某种程度上，也是通过推算和预测，让人对未来充满憧憬和希望。人类从诞生开始，对于未知世界的探索就从来没有停止过，在没有电灯的古代，夏日的夜晚，人们完成一天的耕种后躺在地上，仰望满天的星光，便会自然而然地思考个人与星星之间的联系。人类与生俱来的孤独感从未减弱，因此，人的一生总是在寻求自身与外界的联系，于是有了驿站、信件，乃至今天无所不在的网络。无论是在刀耕火种的古代，还是在信息高速发展的今天，人类对夜空的探索、对宇宙与个人联系的探究从来没有停止过。

在古代，占星师的地位非常高，占星术一开始发挥的功用等同于日历，占星师的观测直接影响到农业社会的生产、民众的生计。为了巩固统治者的统治，这种事关国计民生的知识自然是掌握在极少数"神秘人"的手里。在普通民众的眼里，占星师有"通达天意"的权利，只有听从他们的"预言"，才能保证一年的好收成。从当时的社会背景来看，"科学"的天文学知识在普通百姓眼里，其实也是带有神秘色彩的。这样一来，由最开始的"天文学家"变成后来的"占星师"，由确保农产丰收到占卜国家命运，似乎也是顺理成章的事情。而借助于占星术、巫术和其他宗教，统治阶级更能在精神领域巩固其政权，也就顺理成章地为占星术确立合法地位。在中国古代，星象异常或者自然界发生不同寻常的事情，往往也是政治变动

---

① 弗雷泽. 金枝 [M]. 汪培基, 徐育新, 张泽石, 译. 北京: 商务印书馆, 2012: 86-87.

的预兆。当然,有些预兆是由巫师等人人为制造或有意解释的,目的是欺骗普通的百姓,让他们相信一切都是上天的意志,不能违背。"这种职业中的最能干的人必然趋向于或多或少有意识地进行欺诈……我们必须记住:巫师所提出的每一个简单的宣告和主张只要是虚妄的,就必须进行有意无意的欺骗才可能维持。"①

  回到已经变成"玄学"的占星术,既然占星术是一种玄学,为何伟大如伽利略、哥白尼,同时也是占星师呢?这就是占星术的魅力所在。作为天文学家,伽利略第一次使用望远镜,以前所未有的视角看到夜空时,他的震惊、赞叹可想而知。也许,正是因为伽利略比当时的大多数人更有机会领悟到星空的奥妙、美丽,他才会更容易由宇宙联想到自身,想象宇宙天体运行与人类命运之间的联系。而像彼得斯所说的那样,星座学从某种程度上反映了人类的视角,"自古希腊和罗马(甚至更早)以来,黄道十二宫的形象非常稳定。黄道带(Zodiac)包含动物形象(以及人类和工具的形象),与动物学(zoology)有着共同之处。显然,我们将不同的星星聚集后形成各星座,如大熊座、蝎子座、射手座和猎户座等,这些做法都源于居住在地球上特定位置的人类视角。在宇宙中的其他位置,这些星星看起来并不会如我们地球人所看到的样子"②。

  占星家认为,天体尤其是行星和星座,都以某种因果性或非偶然性的方式预示人间万物的变化。从目前科技发展水平来看,尚无有力的证据从根本上推翻占星术。从另一个角度看,天体的轮转会对人类产生一定的影响,那么到底是何种影响?

---

  ① 弗雷泽.金枝[M].汪培基,徐育新,张泽石,译.北京:商务印书馆,2012:80-81.
  ② 约翰·杜海姆·彼得斯.奇云:媒介即存有[M].邓建国,译.上海:复旦大学出版社,2020:190.

至少现在无从得知。但是，正如我们保留古希腊神话、上帝耶稣一样，也可以给占星学留点空间。试想，如果仅以唯物主义的眼光来看待这个世界，那么我们便会强调物质的物理属性，强调做出推断的"依据"，不会有童话，更不会有宗教。从这一层面上来讲，占星术可以说是一种大胆、浪漫，甚至是富于诗意的想象，想象人与宇宙的种种联系。想象是不需要科学属性的，想象所带来的愉悦与鼓舞也是科学所无法给予的；反过来，没有想象，科学也会止步不前。

科学只是认识世界的有效手段，但不是唯一的手段。宗教、哲学、艺术等都有不同于科学的对自然的认识方法，因而与科学可以说是平级的。占星术应该是不属于科学的范畴的，也没有必要纳入"科学体系"之中。这并不是为占星术辩解，对某些占星家将占星术抬高到科学之上的观点，笔者同样不敢苟同。"人的感悟更高于自然本身"这样的观点，笔者不由想到"心动则幡动"的观点，不免有些形而上学及唯心主义的嫌疑。笔者认为，对待占星术最重要的并不是它的"科学属性"，而是对待它的态度。不妨将其作为"天气预报"，虽然不算准确，但是心情不佳时按照"占星指南"换个首饰、换身衣服也不失为转换心情的好方法。所以弗雷泽说：

> 就巫术公务职能曾是最能干的人们走向最高权力的道路之一来说，为把人类从传统的束缚下解放出来，并使人类具有较为开阔的世界观，从而进入较为广阔自由的生活，巫术确实做出了贡献。对于人类的裨益绝非微不足道，当我们更进一步想到巫术还曾为科学的发展铺平道路时，我们就不得不承认：如果说巫术曾经做过许多坏事，那么，它也曾经是许多好事的根源；如果说它是谬误之子，那么它也是自由与真

理之母。①

就此来看,我们必须辩证地看待占星等各种玄学之说。笔者不是占星研究专家,因此,本书不是从占星的专业角度对这一学说进行研读,但在下面的章节里,本书将主要从社会学、心理学、文化研究和媒介学等角度,认识今天网络空间里盛行的各种"占星术""星座说",探讨青少年群体沉溺和迷信星座的主要社会、心理、文化和媒介原因。不为解读"星座密码",而为解读"人们愿意相信星座"的密码。

---

① 弗雷泽. 金枝 [M]. 汪培基,徐育新,张泽石译. 北京:商务印书馆,2012:84-85.

星座文化原本来自西方,但随着全球化和互联网的迅速发展,西方占星术借着现代媒介特别是新媒介迅速传播到中国,成为深受当代中国青年人喜欢的一种"新俗信"。当代中国的青年人也通过形式多样的占星文化实践,在各种网络社交平台上建立了以星座为话题的亚文化趣缘部落。

新媒介时代的"星座文化"

在前面的一章里，我们简要介绍了西方占星术大致的历史发展过程。而在这一章里，我们主要讨论新媒介时代的星座文化热现象。

新媒介时代的"星座热"

随着媒介的发展，古老的占星术借助新兴的互联网恢复了活力，无论是在国外，还是在国内，涉及占星术的门户网站和社交媒介平台比比皆是，例如下列一些国内外的占星网站。

一、国外占星网站

1. Astrology-numerology

这个网站的特点是重视介绍占星历史，网站经常会介绍一些与占星相关的书籍，对一些占星的专业术语有较多的介绍和阐释，专业性很强，娱乐性相对较弱。主页如图2-1所示。

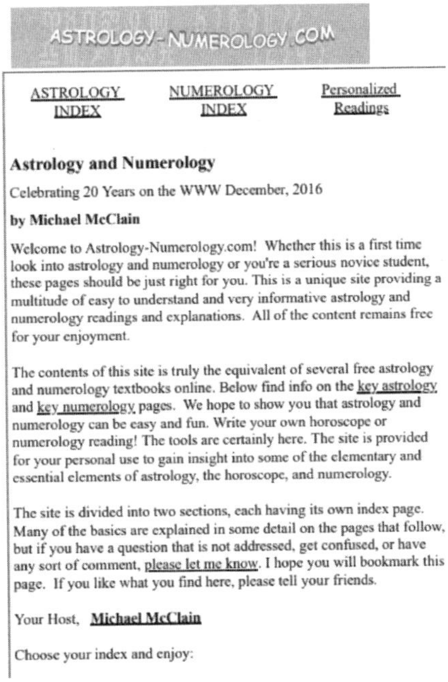

2. Astro Databank

这是美国的职业女占星师路易斯·罗登在1995年与朋友共同开发的占星网站，2003年路易斯去世后，瑞典一家公司收购了她的公司，并将所有占星数据免费提供给世界各地的占星爱好者使用。网站首页

图 2-1　Astrology-numerology 网站主页截图①

---

① 网页地址为 http://astrology-numerology.com。

十分简洁，中间部位介绍了网站的宗旨和相关信息，右栏以格林尼治时间为准，显示这一时刻太阳、月亮等星体的所在位置，下方罗列出这一天出生的名人名字。而在右上方的搜索栏中，你可以找到收录的任何一位名人的命盘。主页如图2-2所示。

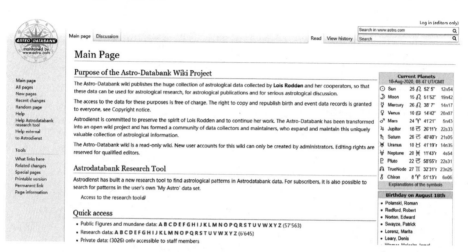

图 2-2　Astro Databank 网站主页截图①

3. Cafe Astrology

这是一家免费提供占星的网站，网站整体界面风格简洁，内容追求通俗易懂，告诉人们生活中有哪些事情需要学习。网站对自己的介绍中提道：

> 几个世纪以来，人类一直仰望天空寻求指引。简单地说，占星术就是研究行星的天文位置和地球上的事件之间的相互关系。占星家认为，一个人出生时太阳、月亮和行星的位置直接影响到这个人的性格。尽

---

① 网页地址为 http：//www.astro.com/astro-databank/Main_Page。

管许多占星家认为自由意志在任何人的生命中都扮演着重要的角色,这些立场被认为会影响一个人的命运。

我们咖啡馆的占星术,认为占星术可以作为一个强大和有趣的工具,了解我们自己、他人,以及我们周围的世界。我们使用许多不同的工具或语言来定义和理解我们的世界。例如,我们可以使用心理学工具和术语来探索人类的行为。同样,占星术给我们提供了丰富的工具来理解人类的性格,并为我们提供了一种与他人交流观察的语言。

虽然我们可以使用出生图(也称为星座图)作为了解任何个人或事件的"窗口",但是我们决不能用它来做判断或给人贴标签。我们也不应该用它作为我们行为的借口!我们永远不能仅仅因为他们的出生表在我们面前,就声称对他们的一切都了如指掌。把占星术当作一门不完美的语言来对待是个好主意。即使它是完美的,我们也不是,所以我们的解释永远不能被认为是近乎完美的。因此,要警惕任何声称自己是占星家的人,同时声称自己"无所不知",或做出可怕的预测。这种做法不仅是不负责任和误导,而且会对那些相信它们的人的生活产生不利影响。

网站主页如图 2-3 所示。

4. Astrology Zone

这个网站由美国著名的占星学家苏珊·米勒创办。据说由于该网站每月发布的星座综合运势预测十分准确,因此苏珊·米勒及网站受到了大众热捧,她的作品被许多重要媒体争相转

图 2-3　Cafe Astrology 网站主页截图①

载，并被翻译成中文、土耳其语、西班牙语、日语等多种语言，在全球各地都拥有大量的读者，苏珊·米勒也被聘请成为《纽约日报》"每日星座"专栏的作家。网站主页如图 2-4 所示。

图 2-4　Astrology Zone 网站主页截图②

---

①　网页地址为 http://www.cafeastrology.com。
②　网页地址为 http://www.astrologyzone.com。

苏珊·米勒在中国也有大量的读者，被中国网友称为"美国神婆"，她的作品被星译社、豆瓣网等网站的网友翻译成中文而广为传播。第一星座网也开设了苏珊·米勒小组。

5. Skyscript

这是一个以研究星座为主的论坛，所讨论的内容比较严肃、认真，例如对"哥白尼革命"的介绍、对发现海王星意义的阐释，以及对中国、印度等国家占星学的介绍，还有讨论占星术与世界大事件之间的关联、哲学与占星术的关系、时间与占星术的关系，以及一些热点事件、话题与占星术之间的关系等。主页如图2-5所示：

图2-5 Skyscript网站主页截图①

二、国内门户网站

在国内，占星在网络空间里也十分流行，打开新浪、搜

---

① 网页地址为http://skyscript.co.uk。

狐、腾讯等各大门户网站的主页，几乎都能找到"星座频道"的踪影，星座作为娱乐和流行时尚而被广为关注。与此同时，有些占星师还在新浪、腾讯等网站开设个人微博①。下面我们就从门户网站对网络占星的整体情况加以介绍。

1. 新浪星座

新浪星座的界面如图2-6所示，十二星座被置于网页首页顶端位置，值得注意的是，十二星座的符号与新浪自身的logo图形相结合，让人一看就知道这个星座空间属于新浪。新浪星座的内容全面，由话题、测试、GIF、漫画、算算、专题、博客、许愿、运势、解梦十个类目组成。

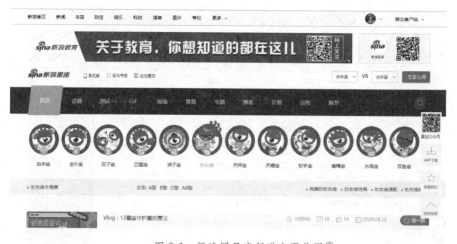

图2-6 新浪网星座频道主页截图②

从类目设置可以看出，新浪星座既有很强的专业性，如专门的星座教材、运势解读，同时也带有很强的娱乐性，有各种关于星座的漫画和动图，形象生动地介绍星座里的男女性格，诸如"霸道男友""极品女王""暧昧王""八卦王""败家王"

---

① 腾讯微博现已停止服务和运营。
② 网页地址为http://astro.sina.com.cn。

等,让人一目了然,会心一笑的同时又过目不忘。

2. 搜狐星座

搜狐星座的界面如图 2-7 所示,主要包含热点、测算、运势、生肖、风水、星座趣闻等内容,相对于新浪星座而言,搜狐星座的内容较单调,覆盖面总体较窄。

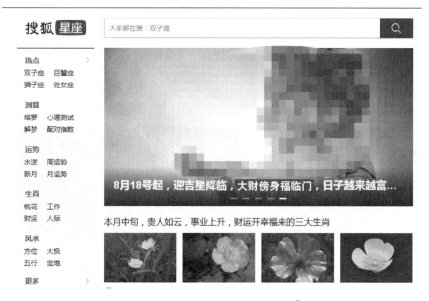

图 2-7　搜狐网星座频道主页截图①

三、专业性网站

中国还有一些专门介绍占星、星座的网站,其中比较著名的有占星之门、若道占星、若耶占星网、第一星座网、81pan 占星、翼博占星、Destiny 命理网、占星奇缘等,我们这里主要选择占星之门、若道占星和第一星座网加以介绍。

1. 占星之门

占星之门是由安格斯创办的一个全中文网站。安格斯号称

---

① 网页地址为 http://astro.sohu.com。

"平时喜欢阅读克里希那提与巴菲特"。他强调,"我不是什么大师,请把我当成一个懂得运用古典占星来协助您解决生活中疑难杂症的朋友就好"。占星之门的网站分为查询、专题、学习、社群四个类目,每一个大类下面又有不同的小类,为星座爱好者搭建起了一个完整的平台,使用者可以根据自己的需求进行相应的选择,操作简便(图2-8)。

图 2-8 占星之门网站主页截图①

在查询类目下,通过输入自己阳历的出生时间、地点信息便可查询星座命盘。而"新月许愿"的号召是"在对的时间许下对的愿望":

> 您是否曾经想过,在什么时间许愿,愿望最容易实现呢?已故占星家贾恩·施皮勒提出新月许愿法(New Moon Wishing),建议大家配合月亮周期许愿,

---

① 网页地址为 https://cn.astrodoor.cc/。

让星空帮助愿望实现，借此制定并持续厘清人生目标，强化自我达成愿望的信念与力量。①

下方还附上了"最新的新月许愿时间""如何获得每月固定的新月许愿通知""新月许愿注意事项""新月许愿与满月许愿之原理""新月许愿常见问题（FAQ）"等信息。

2. 若道占星

网站若道占星自称是国际占星研究协会（International Society for Astrological，ISAR）中国唯一授权培训机构。主要提供在线星盘的查阅，以及有关星象、占星的咨询文章，特别值得注意的是，若道占星经常会介绍一些有影响的占星师，还设置了一些占星培训课程，主要由职业占星师进行授课，并特别强调是中英文双导师。图2-9就是若道占星的2020年度课程

图2-9　若道占星2020年度课程表的部分内容②

---

① 来源于占星之门，https://cn.astrodoor.cc/new_moon.jsp。
② 网页地址为 https://www.nodoor.com/course/。

表中的部分内容。

3. 第一星座网

相比于占星之门、若道占星，第一星座网的页面和内容较活泼，主要针对年轻人，除了十二星座、星座运势、心理测试、塔罗牌类目之外，还有颇具中国传统特色的周公解梦、在线算命、十二生肖、风水及老黄（皇）历等类目，显示出中西结合的特点：周公解梦针对生活中一些常见的梦境现象进行解梦；风水则从朝向、布局、装修等方面分析了家居风水、招财风水、办公室风水等（图2-10）。

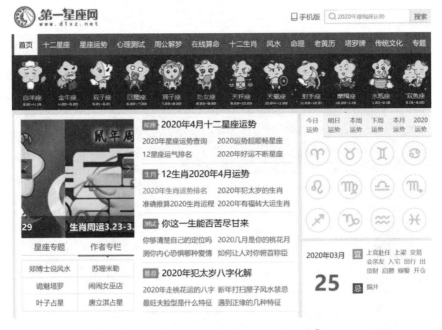

图 2-10　第一星座网主页截图①

四、个人的博客、微博和微信公众号

除了上述的门户网站和专业性的网站之外，还存在一些个

---

① 网页地址为 https://www.d1xz.net/。

人性质的占星网站或占星社交媒介。例如前面我们提到的苏珊·米勒，她不仅创办了 Astrology Zone 占星网，多个门户网站也都有她个人的占星空间（图 2-11）。

图 2-11　第一星座网上苏珊·米勒的作家专栏

随着移动媒体时代"两微"平台的兴起，许多占星师也开始利用新浪微博、微信等媒体平台开设私人的占星空间，借助"两微"平台的互动性、社交性、娱乐性和传播快的特点，吸引了无数网民。例如微信公众号"唐绮阳看星星""闹闹女巫店""陶白白"等，而新浪微博上也有"蓝蓝占星""Pandora 占星小巫""Frank Clifford""Alex 是大叔""占星师 Jupiter""英格丽张""puka 楊國正楊騰山"等个人化的占星微博账号，部分微博空间如图 2-12、图 2-13 所示。

通过考察这些网站的星座频道，我们发现，当今除了少数非常专业的占星网站外，大部分网站提供星座栏目，主要是为年轻的网民提供关于性格、运势、财富、爱情、友情等方面的文化知识，更重要的是以娱乐方式输出这些知识。为迎合年轻网民追求娱乐的心理，很多网站还和多位文创人员、漫画家合作，以提供更多具有互动性、恶搞性和趣味性的星座图片和文字，来博取公众的阅读量。

图 2-12　英格丽张新浪微博的个人主页截图

图 2-13　占星师 Jupiter 新浪微博的个人主页截图

从星座网站类型的不断细分,不同类型网站的高阅读量、高评论量还可看出,相较过去,占星在网络空间里变得更加活跃、传播度更高,网络为占星术提供了极大的发挥空间。而在网络空间中,最重要的和最活跃的群体还是青少年。

以青年为主体的"星座迷"

星座文化起源于欧美,20世纪七八十年代在日本流行,动漫、星座、耽美都属于"二次元"文化,日本战后"二次元"文化的流行和青年人有很大关系,当然,很多新兴"二次元"文化也是青年人参与、创造的结果。伴随着改革开放,20世纪80年代之后,动漫、星座、耽美等"二次元"文化也迅速从欧美、日本传播到我国,青年人也纷纷参与到"二次元"文化的实践活动中。在我国,仅1980—1989年的10年时间里,就有大约2.04亿的人口出生。[①] 与这一庞大青年群体的出生和成长相伴的是中国经济的高速增长,1980年至今的经济高速增长,给中国社会带来了巨大变化。

今天的媒体及其文化发展更加迅猛快速,昨天博客、QQ还正在流行,转眼就变成了微博和微信大行其道。20世纪90年代后,由于媒体发展变化速度太快,因此,保罗·莱文森干脆将一些新的媒介媒体文化现象称为"新新媒介"(New New Media),在他眼里,博客网、优视网、维基网、掘客网、聚友网、脸谱网、推特网、播客网这些都属于"新新媒介","新新媒介"的特点是空间更加自由开放、消费者往往同时也是生产者、消费者可以随意挑选适合自己的媒介,"新新媒介"的服

---

① 转引自汤涌."80后":请别误读这2亿青年[N].中国青年报,2006-04-03.

务功能也远远胜过以往的电子邮件、搜索引擎等媒介,而且使用"新新媒介"的大多数也是年轻人:

> 新新媒介很新,几年前它们还没有立足之地,其中的几种还不存在。学生熟悉且善于使用大多数新媒介,因为他们一直在用。他们在优视网上看视频,收发微博,在iPhone手机和黑莓手机上写微博。①

同样,在我国,博客、播客、微博、微视频、微信也日益发达,这些也都可以归为"新新媒介",以这些媒介和媒体空间为基础,青年人创造了恶搞文化、拍文化、博客文化、涂鸦文化及网络占星文化等新型的网络亚文化,这些新兴的网络亚文化表达了他们对个人和社会的认知和看法,也表达了他们自身的个性、生活方式和思想意识。在新兴的网络空间里,青年人不断开创新的生活方式和新的文化风格,尽管这种生活方式和文化风格往往不成熟,而且经常转瞬即逝,一种新兴的网络流行文化可能会在较短的时间内被另一种新兴的网络流行文化取代,并不意味着这些新的媒体文化乃至新兴的媒体文化就不重要。朱丽丽就指出:"数字转型是21世纪最深刻、最基本的变化。社交网络作为数字社会的重要表征,对青年群体文化的形塑作用不可小觑。在中国,微博、微信、QQ、人人等社交网站已经成为作为'数字原住民'的青年群体的主导型生活形态。对当下青年群体的文化研究绕过社交网络几乎是不可想象的。"②

在各种各样的新新媒体文化中,"网络占星"近年来颇受

---

① 莱文森. 新新媒介[M]. 何道宽,译. 上海:复旦大学出版社,2011:1.
② 朱丽丽,等. 数字青年:一种文化研究的新视角[M]. 南京:江苏人民出版社,2017:绪论1.

关注。前面我们已经说过，各种各样的占星网站及个人化的占星微博出现在互联网上，"你是什么星座的？"成为人们交流时经常谈论的一个话题。当然，无论是在网络空间，还是在日常生活空间，关注星座和占星的主要还是年轻人。据中国新闻网的报道，中国科学技术协会曾经做过一次调查，调查结果显示，在中国大陆，"有超过四分之一的人相信算命"，其中以青少年为主，"学生，特别是大学生是这些频道的主要受众。从目前市场上的关于星座、属相等的书籍来看，从语言形式到编排装帧，几乎都能看出这些书籍的受众主要定位为青少年"①。在超过四分之一的相信算命的人里，相信算命的原因不尽相同，算命的方式同样多种多样，人们对算命的相信程度也是不一样的：有的人可能深信不疑，有的人可能半信半疑，还有的人则可能仅仅是出于玩乐的目的。在中国农村，许多年纪较大的妇女对传统的占卦是比较迷信的，但是在网络空间里，相信星座和算命的人群，大部分都是青少年。中国新闻网的另一篇报道指出，在时下的中国，许多年轻人相信星座，他们在工作、恋爱、结婚和生子等事宜的抉择上"都要看星座行事"，星座成为他们的"生活指南"：

> 星座是西方占星术的一种，1990年由台湾地区综艺节目流传到大陆后一直不温不火，但随着互联网的普及，有关星座的书籍、网站、商品渐渐多了起来，如今，星座在中国年轻人中的流行已成燎原之势。
>
> 在中国最热门的社交网络新浪微博上，有关星座

---

① 佚名.中国科协调查显示：中国大约有三亿人相信算命[EB/OL].(2003-10-01)[2018-10-15].http://www.chinanews.com/n/2003-10-01/26/353103.html.

的微博达到上亿条,传播星座知识的热门微博的粉丝数都在300万之上,每条关于星座的微博都引起网友成百上千次的评论和转发。

书店里,畅销排行榜上总会有与星座有关的书籍;电视上,星座达人侃侃而谈让节目赚足了收视率;而在网络上,星座迷们已经不再满足于查看自己和身边人的星座,开始挖掘古代名人的星座,从中国挖到国外,甚至连古代名著中的虚拟人物孙悟空和猪八戒都不放过。

星座热的出现也让一些聪明的商家看到了商机,大量星座饰品、服装布满了商场和地摊;星座达人收费开讲星座恋爱观和最佳配对;桂林的一家安全套生产厂商竟为此还推出了高邦12星座避孕套。

这些热衷于星座的网民,大部分在30岁以下,以学生居多。有社会学者分析,星座热的出现是因为中国社会生活节奏越来越快,年轻人生活压力大,希望找到一个缓解压力的载体,以纾缓遭遇挫折时的失败感。①

今天,热爱、痴迷星座的年轻人不仅研究星座,同时也在日常生活中践行着星座的提醒或指南,无论是做什么事情,他们都青睐于按照星座的标准行事。笔者在QQ的一个"星座部落"空间里与一位星座迷聊天,这位叫"小雨"的星座迷告诉笔者,她相信星座,星座让她怎么干,她就怎么干。"它让我这段时间加油学习,我就加油学习。"笔者问她为何这样,她

---

① 蒙鸣明.中国年轻人星座热竟当生活指南 星座控乐此不疲[EB/OL].(2011-09-23)[2018-10-15].http://www.china.com.cn/aboutchina/txt/2011-09/23/content_23479037.htm.

只说,反正就是相信,星座给了她"去相信"的动力。

年轻人相信星座,他们所相信的主要是西方的占星术,而不是以《周易》、属相为主体的中国传统占星之术。不过,西方的占星术本身也是复杂的,当代"80 后""90 后"乃至"00 后"的年轻人作为星座迷的主要人群,虽然喜欢西方占星术,但是大部分星座迷并不是专门的占星家或星座研究专家,他们只是将网络上的一些十二星座知识,与自己日常生活中的一些人和事联系起来。各个网站对于星座的一般性知识介绍,对于年轻人理解星座是相当重要的。按照时间前后排序,现在的"十二星座"分别为:白羊座、金牛座、双子座、巨蟹座、狮子座、处女座、天秤座、天蝎座、射手座、摩羯座、水瓶座、双鱼座。网络上对于这些星座的介绍通常如下:

1. 白羊座(3 月 21—4 月 20 日)

白羊座的人乐观活泼、敢作敢当,干劲十足,属于剑及履及的行动派,是急行侠、探险家。但有时显得没有耐性,冲动易怒,太过冒险。白羊座掌管着"第一宫",属于阳性,主管的星辰是火星。

2. 金牛座(4 月 21 日—5 月 21 日)

金牛座的人给人的感觉是稳重、务实,追求稳定与和谐,害怕变动,属于享受派。喜欢安定,最怕没有安全感。但有时显得固执己见,对钱财看得很重。金牛座掌管着"第二宫",属于阴性,主管的星辰是金星。

3. 双子座(5 月 22 日—6 月 21 日)

双子座的人,思维跳跃,口才伶俐,鬼点子多,常语出惊人,但有三心二意的倾向,情绪起伏多变,难以专心。双子座掌管着"第三宫",属于阳性,主管的星辰是水星。

4. 巨蟹座（6月22日—7月22日）

巨蟹座的人，亲切有礼，感情丰富、细腻，有很强的感受力，具有母性的博爱之心，属于居家派。但情绪起伏大，有逃避倾向。巨蟹座掌管"第四宫"，属于阴性，主管的星辰是月亮。

5. 狮子座（7月23日—8月22日）

狮子座的人，自信自强，气度非凡，极具领导统御能力，永不服输，是天生的贵族、王者。只是有时过度追求利益，甚至有些自负、莽撞、以自我为中心。狮子座掌管"第五宫"，属于阳性，主管的星辰是太阳。

6. 处女座（8月23日—9月23日）

处女座的人，思虑周全，非常谦虚，谨慎保守，很有耐心，擅长分析，凡事要求做到尽善尽美，是个完美主义者。但易给人较大的压力，较被动严肃。处女座掌管"第六宫"，属于阴性，主管的星辰是水星。

7. 天秤座（9月24日—10月23日）

天秤座的人很有气质，谈吐应对得体，善于与人沟通协调，是绝佳的谈判人才，属于迷人优雅派人物。只不过，思想易左右摇摆；追求外表光鲜，易失去自我。天秤座掌管"第七宫"，属于阳性，主管的星辰是金星。

8. 天蝎座（10月24日—11月22日）

天蝎座的人，外表低调，实则企图心旺盛，充满神秘感，不会轻易地与人互动。对自我要求很高，极具竞争力与战斗力，有洞悉他人心思的能力。天蝎座掌管"第八宫"，属于阴性，主管的星辰是冥王星和火星。

9. 射手座（11月23日—12月21日）

射手座的人，生性乐观开朗，热情奔放，崇尚自由，反应灵敏，极具创造力。待人友善又极具豪气，作风非常"海派"，人缘颇佳。射手座掌管"第九宫"，属于阳性，主管的星辰是木星。

10. 摩羯座（12月22日—1月20日）

摩羯座的人，很有自己的想法，很注重实际，耐力十足，意志坚定，有很强的时间观念，重视权威和名声，有不错的组织领导能力，是值得依赖的人。摩羯座掌管"第十宫"，属于阴性，主管的星辰是土星。

11. 水瓶座（1月21日—2月19日）

水瓶座的人，极富革新精神，具有独特的个性，有着超前的思想，是新思想的开拓者。聪颖脱俗，常有奇异的想法，不按牌理出牌。水瓶座掌管"第十一宫"，属于阳性，主管的星辰是天王星。

12. 双鱼座（2月20日—3月20日）

双鱼座的人，内向害羞，有着浓厚的艺术气息。柔情似水，浪漫多情，天真烂漫，会有许多梦幻般的想法，只是有时显得不切实际。双鱼座掌管"第十二宫"，属于阴性，主管的星辰是海王星。

"十二星座"只是关于星座的基础性知识，对于每一个人来说，星盘并不仅由按照出生日期划分的太阳星座决定，还有月亮星座和上升星座，而受到出生具体时辰和地点的影响，每个人的月亮星座和上升星座都会存在差异。否则完全按照上面的情况，同一时间、区间内出生的人性格便会出现雷同，通过星座了解一个人的性格便也显得过于简单，星座的神秘魅力也会骤减。

与此同时，星座在具体某一天的表现也与星盘对星座的性格、气质分析不完全等同，例如，星座屋网站对于双鱼座2014年8月17日的运势解说为："自信、有担当的你，在跟人洽谈业务时，大放光彩，今天充分展现了你的个人魅力，职场生涯又向前迈了一小步，让你沉浸在巨大的喜悦中；夜晚时间还是很充分的，能享受到周末的休闲与舒适；鱼儿在请求他人帮助的时候，态度一定要和善，言辞要婉转。"这时的双鱼座就与上述双鱼座的一般性格完全不同。不同网站对于每个星座的介绍又不尽相同，例如星座屋网站对金牛座的介绍是："金牛座很保守，喜欢稳定，一旦有什么变动就会觉得心里不踏实，性格也比较慢热，但你是理财高手，对于投资理财都有着独特的见解。金牛男的性格有点儿自我，而金牛女就喜欢投资自己，想要过得更好。"① 而新浪星座的介绍是："继充满激情的牧羊座之后，是不轻易浪费自己能量的金牛座。金牛座的人不愿意毫无意义地说教，无缘无故地行动和失去理智激动。你不放任激情，也没有紧迫感，这是一个强烈抑制精神和思想，总是按一定尺度运行的人。如果出生时刻的天宫图中有较强的金牛座的影响，那么你会有良好的自卫本能。思想一成不变，比较啰唆。从积极的意义上看，你的性格平稳、有毅力和耐力，勤劳智慧，富有实干精神。为人处世小心谨慎，感情真诚专一。此外，你有极其敏锐的感官，内心怀有各种欲望。喜欢舒适的生活环境，热爱大自然的壮丽景色、花草和动物。从消极的意义上看，这些优点的背后还隐藏着多疑多虑、嫉妒、悲观失望、沉默寡言、阴郁孤僻的性格特点。你很难改变自己的观念。另外，你固执己见，对事物极易产生偏激和狭隘的看

---

① 来源于星座屋，https://mip.xzw.com/astro/taurus/。

法。"① 大部分星座迷都是对照网络上关于星座的表述,来思考生活中的友情、爱情和工作等事情。例如下面就是一个星座迷的爱情故事,一位白羊女在阳光明媚的午后偶遇一位双子男,双子男对白羊女说:"星座说我们好相配。"

> 简单的爱情是美好的,他去挑选她的生日礼物,他陪着她从看日落到看日出。他故意惹她生气再积极写检讨书,她有意冷落他再逗他开心。他们一起玩智力游戏,白羊的热情感化他的冷,双子的机智激荡着她内心深处的英雄情结。②
>
> (有删改)

因为星座相配,他们走到了一起,但又因为白羊座的暴躁独断、双子座的三心二意,他们"注定"又要分手,三心二意的双子座有了另外一个人:"她感觉到,他身边已经有了另外一个人。她不想当破坏别人感情的那个人,白羊女的独立和正义,不容许自己做这样的事情。"然而星座的羁绊使得两个人藕断丝连,双方竟然在往后的十年间还有联系。

一种后亚文化新部落

在微信、微博、Facebook 等社交媒介发达的时代,星座族其实是一种后亚文化新部落。

英国伯明翰学派在讨论英国青年亚文化现象时,使用最多

---

① 来源于新浪星座,http://astro.sina.com.cn/jian/51.shtml。
② 佚名.白羊女与双子男的十年情感纠缠[EB/OL].(2014-04-10)[2018-10-17]https://www.d1xz.net/astro/aiqing/art44724.aspx.

的便是"抵抗""风格""收编"等概念，以此探讨战后青年亚文化如何与主流文化进行对抗，并在对抗中发展出自身的亚文化风格，最终青年人的亚文化表达又是如何被意识形态和市场"收编"，这是霍尔、赫伯迪格、默克罗比等学者对青年亚文化研究所做的贡献。

但是20世纪80年代之后，随着全球消费社会和互联网时代的到来，当代青年亚文化在发生背景、构成形态和文化风格上都与20世纪六七十年代那些具有强烈文化反叛精神和政治抵抗色彩的青年亚文化迥然不同。在安迪·班尼特、基恩·哈恩-哈里斯编的《亚文化之后：对于当代青年文化的批判性研究》（After Subculture：Critical Studies in Contemporary Youth Culture）和戴维·马格尔顿、鲁伯特·温齐尔主编的《后亚文化读本》（The Post-Subcultures Reader）中，安迪·班尼特、戴维·马格尔顿等后亚文化理论家认为伯明翰学派的"抵抗""风格""收编"等概念已经无法说明全球化以来的青年文化现象。他们倾向于采用布尔迪厄、巴特勒等人提出的"习性""区隔""差异"，以及"文化资本""表演""部落"等概念。在全球消费社会和网络社交环境中，青年人以一种松散的关系结成联盟，并同主流文化形成某种"区隔"，但不是表现为"直接对抗"，也没有形成自己"独特的文化风格"。安迪·班尼特、戴维·马格尔顿等主张用"后亚文化"一词取代"亚文化"，以概括20世纪80年代之后青年亚文化的新特征。大卫·钱尼更是直言："在一个所谓主流文化已经分解为多元化的生活方式感性特征和偏好的世界里，曾经被人们所接受的'亚'文化与'主流'文化之间的区别，已经不能再说还适用了。"① 主流和亚文化之间的区别变得不再重要，各种青年群体只是通过兴趣、爱好聚集在一起，他们之间的联系是松散的、混杂的和多样化的。赫伯迪格所讨论的无赖青年、摩登族和朋克之所以对霸权构成挑战，主要是因为亚文化群体有"特立独行的风格"，他们以惊世骇俗的举止打破"正常化"秩序，挑战"团结一致的原则"，驳斥"共识的神话"。但是后亚文化并没有形成"独特的风格"，而是混杂着多种风格——有全球的流行时尚、旧时尚的复兴等。第一次注意到"亚文化区分"失效的是瑞德海德，他在考察"锐舞文化"（rave culture）时发现"锐舞"之所以出名，"是因为在同一个舞池混杂了各种各样的风格，吸收了一系列以前相互对立的亚文化"②，舞池中的大众无须分清楚阶级、种族和社会性别等概念，他们全部"消融在舞厅体验当中了"。

在文化实践空间上，不像伯明翰学派所研究的青年亚文化群体都有相对固定的活动场所，当代青年的后亚文化实践空间往往是碎片性、含混性、流动性的，"仔细考察这些理论和方法论的应用，会发现存在一个无法避开的问题：如何定义青年文化活动发生的那个'空间'？换句话说，青年文化活动出现在'哪儿'？伯明翰当代文化研究中心的方法以及他们的先辈将亚文化的可视性（visibility）强调为一种可以确认的空间（对于他们的成员来说，可以从外部以不同的方式确认），一种可以被'看见'和分析的空间。各种后亚文化的方法几乎很少确认青年文化行为发生的具体场所的可辨认性（the identifiability）。

---

① 大卫·钱尼. 碎片化的文化和亚文化［M］// 班尼特，哈里斯. 亚文化之后：对于当代青年文化的批判研究. 中国青年政治学院青年文化译介小组，译. 北京：中国青年出版社，2012：57.
② 班尼特，哈里斯. 亚文化之后：对于当代青年文化的批判研究［M］. 中国青年政治学院青年文化译介小组，译. 北京：中国青年出版社，2012：序言14.

青年文化的流动性和碎片性特征非常明显,以致他们只有勉强可以辨认的、短暂的空间,对于这些空间的模糊性,只有诸如生活方式、新部族及场景等术语提供了一种相宜的、不透明的和含混的空间反应"①。后现代社会的流动性和碎片性特征让后亚文化失去了可视性和可辨认性的空间。而在互联网时代,网络为青年人的后亚文化实践提供了新场景和新空间。安迪·班尼特在《虚拟亚文化?青年、身份认同与互联网》中用"虚拟亚文化"来强调数字新媒介对青年人新的生活方式形成的影响,他认为亚文化理论及由此而来的亚文化批评,首先是与前数字化时代(pre-digital age)联系在一起的。但借助于网络社交,年轻人可以从"他们日常生活中的社会经济和文化束缚中解放出来,以跨地域的可交流的青年文化话语为基础,自由自在地结成新的联盟"②。班尼特认为由于互联网具有更强的互动性、共享性特征,因此,相比于传统媒体,它为"青年开启了种种创造的可能性",使得青年人有了更多"自我建构"和"文化参与"的机会。

总之,在全球消费社会和网络社交语境下,后亚文化群体往往以共同趣味和相同的生活方式结成新联盟。"新部落"成员之间的关系松散,他们的交往注重自我认同和个性发展,强调共享的交流体验,而不像摩登族、光头党等传统亚文化群体那样强调对团体的效忠和认同意识。萨拉·桑顿以音乐俱乐部为例指出,俱乐部文化是趣味文化(taste cultures)。人们通常因音乐方面的共同趣味和对共同媒介的消费而聚集在一起,

---

① 班尼特,哈里斯.亚文化之后:对于当代青年文化的批判研究[M].中国青年政治学院青年文化译介小组,译.北京:中国青年出版社,2012:序言19.
② 安迪·班尼特.虚拟亚文化?青年、身份认同与互联网[M]//班尼特,哈里斯.亚文化之后:对于当代青年文化的批判研究.中国青年政治学院青年文化译介小组,译.北京:中国青年出版社,2012:195.

最为重要的是，人们选择与自己趣味相同的人聚集在一起。参与俱乐部文化，反过来也建构了更多的吸引力，使参与者适应社会生活，了解这种文化的喜好和厌恶（经常到了信仰的地步），了解文化的意义与价值，从而建立进一步的亲密关系。因此，俱乐部和锐舞容纳了边界变动不居的特定共同体，这些共同体可能在一个夏天形成又解散，也可能坚持好几年。①

从后亚文化的理论视角来看，当代青年群体热衷的"网络占星"是一种典型的以趣味为中心建立起来的后亚文化。虽然星座文化看上去具有神秘性和超验性特征，大众也希望在充满风险的现代性社会中从占星的超验性魔力中获得精神慰藉。但是在全球消费社会和网络社交环境中，这种占星术很快和流行文化结合起来。就像前面桥本敬造所指出的那样，占星术被从科学领域驱逐出去之后，反而很快地融入大众和流行文化之中。② 作为流行的娱乐和大众文化，有时连一些占星师也提醒大众不要过分迷信"占星术"，占星师方杖就强调自己和算命的之间的区别："我给大家看的只能说是我看到的客观情况，不要再问我如何能改变，告诉你怎么避免，怎么化解，那是算命先生干的事，我实在无能为力，而且以我摩羯双鱼的性格来说，我真的很难告诉你怎么化解，而且命盘复杂，我轻易不会给你下结论，也不要在我这得到一个绝对正确的结论。我是人不是神。拿不准的也往真了说，那也是算命先生干的事情。"③ 在另外一篇网络博客里面，他强调占星并没有什么，其真正命理是"万事万物必有联系"而已，而这种联系往往通过"算

① THORNTON S. Club cultures: music, media and subcultural capital[M]. Cambridge: Polity Press, 1995.
② 桥本敬造. 中国占星术的世界[M]. 王仲涛, 译. 北京: 商务印书馆, 2012: 序1.
③ 方杖. 我是研究占星的, 不是算命的[EB/OL]. (2007-02-06)[2018-10-18]. http://blog.sina.com.cn/s/blog_555639910100o7ou.html.

法"推演得出。

心理学家荣格曾分析现代社会巫术和宗教的思想没有泯灭的原因,他认为虽然科学越来越发达,但是宗教和巫术思想以一种"集体无意识"存在于每个现代人的内心世界。占星术这些被现代科学抛弃的东西又重新回到人们的生活世界,是因为科学技术虽然给现代人带来诸多好处,却也招致了许多新灾难,这些灾难让现代人陷入了一种"深刻的不确定状态中"。作为结果,现代西方人的精神和心理状况糟糕,迫切需要治疗和拯救,"现代人的精神问题是与现在紧密相关的问题之一。由于我们生活在现在,所以我们不能够对这些问题作出充分的判断。现代人是一种新型的人;现代的问题是刚刚才出现的问题,它们的答案需要在未来中去寻找"①。荣格还认为占星术之所以让许多人痴迷,还有一个原因是自然宇宙、天际星空的变幻莫测、朦胧神奇与人丰富的内心世界相符合。而在当代,随着全球消费和互联网社会的形成,新兴媒介不断制造分离的时空感受。生活在不同地方的人可以通过 E-mail、QQ、Facebook 和微信等网络社交媒介保持联系,但有时并不清楚对方真正的状态,亲情、友情和恋情在时空分离中变得变幻莫测。在此情况下,占星术便很容易重新占据人们的注意力,就像荣格曾经说的那样:

> 被过去的时代所抛弃的东西,今天突然占据了我们的注意力,无论这多么难以理解,但我们必须承认这是事实。人们对这些事物有一种普遍的兴趣,这是不可否认的,尽管这些事物有辱良好的趣味……我考

---

① C.G. 荣格. 寻求灵魂的现代人 [M]. 苏克, 译. 贵阳: 贵州人民出版社, 1987: 221.

虑的是那种对各种心理现象所产生的广泛而普遍的兴趣，这些心理现象表现在唯灵论（spiritualism）、占星术、通神学（theosophy）等诸如此类的蓬勃兴起之中。①

因此，在科学技术、网络媒介和人工智能越来越发达的当代社会里，网络空间中关于占星术的讨论、交流有时反而变得越来越活跃。当人们遇到无法解决的个人或社会问题时，便会渴望那些超自然魔力能够"复活"。许多青年人不仅将星座文化当作百无聊赖时的娱乐消遣，甚至将之视为值得依赖的"精神的寄托"。有时只因某种巧合之事，他们立刻断言"星座的神明"。

> 我觉得我不是那种迷信的人，八卦的人。也许是因为星座真流行吧。最近订了网易、搜狐、新浪等门户网站的每日星座运程，各网站发过来的消息大同小异，我每天看到也不屑一顾，甚至没看讲的什么意思就删除了。
> 今天倒霉的事情发生了，移动硬盘被我不小心弄到地上了，结果电脑识别不出来了，呜呜呜呜呜。看看短信，我才发现很多短信都说摩羯座的人今天会有意外发生，解决方案是：非淡泊无以明志，非宁静无以致远。天呢，这是命中注定的还是巧合？②

（有删改）

---

① C.G.荣格.寻求灵魂的现代人[M].苏克,译.贵阳：贵州人民出版社,1987：232.
② 雨醉心竹.星座很灵验[EB/OL].(2005-12-07)[2018-10-19].http://blog.sina.com.cn/s/blog_4721d1d90100emmf.html.

一次偶然的经历便让上述这位青年网民觉得"星座真准",与其有相似经历的青年星座迷很多。另一位叫"秋水孤鹜"的星座迷经朋友介绍进入了豆瓣星座部落"玛法达星座运势小组",起初她是抱着无所谓的态度,无聊时才看看星座运程,"今天是6月17日,六月过了一半。早上一起床就收到了好消息,天知道我最近有多紧张,哈哈。回首那个预言,哈哈,不管怎样,还有点准"。混合了各种精神和情感话语的"星座神话"就这样产生了,正是借助于星座,青年人有了更多建构自我、社会交往和文化参与的机会。

因此,"星座神话"其实是后亚文化时代许多青年群体喜爱的"新俗信",乌丙安对"俗信"做了如下界定:"俗信原来在古代民间传承中曾经是原始信仰或迷信的事象,但是随着社会的进步,科学的发达,人们文化程度的提高……把这些事象从迷信的桎梏中解放出来,形成了一种传统的习惯。这些传统习惯无论在行为上、口头上或心理上都保留下来,直接间接用于生活目的,这便是俗信。"① 在网络社交时代,"占星"这种传统活动之所以能够保留下来,更多的是因为被青年群体直接用于"生活目的",而不是为了某种迷信或信仰。借助于占星术,青年群体希望能够重新认识自我,并以此建立有共同兴趣的社交部落。

关于网络星座热的调查分析

这是一个星座无限流行的年代。每个人都知道自己的星座,每个人似乎都能说出一点关于星座的子丑寅卯,而每个人都在内心里对十二星座有一个标签般

---

① 乌丙安. 中国民俗学 [M]. 沈阳:辽宁大学出版社,1999:269.

的认知。譬如一说天蝎,立刻出现烟熏妆的性感女子形象;一说金牛,马上对号入座成现世葛朗台,因为据说金牛小气又好色……

是的,这是一个星座无限流行,但又对星座充满误读的年代。

每个人都知道自己的星座,但是四处充斥的星座运程你究竟相信多少呢?随处可见的星座分析你又确定多少?

有些人说,我很相信啊,可是总感觉到糊里糊涂,似乎没有办法全面对号入座。到底星座值不值得相信呢?

到底我们要如何才能通过星座来掌握自己的命运?到底怎样才能算出我的婚姻是否美满,事业是否发达?有些人干脆说,这些东西不过是骗人的,哪里可能,世上人只有十二种分类这么简单?

……

我们不禁要问,真正的星座是什么样子?真相又是什么呢?

答案并不深奥难解,但是,世人大多对事物追求一知半解,才见绿叶,便以为看见森林。同理,实际上,被我们熟悉的十二星座,并不是真正的十二星座;而被我们泛滥地引用着的星座,也并非真正的星相学。

真正的星相学是一门人类用来占卜自身性格命运的学问。它以天上的十二个星座为基础,以天上的十大星体为依据,用来预测与推断我们的未知。[①]

(有删改)

---

① 静电鱼. 星座第一书 [M]. 南昌:二十一世纪出版社,2008:1-2.

这是新浪星座频道首席星座专家静电鱼在其《星座第一书》里的开场白。她指出，今天是一个星座十分"热"的时代，人们追捧星座的同时也对星座产生了误读，将星座与个人日常生活中的许多事情"对号入座"，并认为，事实上，真正的星相学"是一门人类用来占卜自身性格命运的学问"。

互联网时代，星座无限流行。但真正的星相学是什么，可能大部分人对此的认识是模糊不清的，而且许多年轻的星座迷为何如此痴迷星座，对人、对事的判断都依赖星座的说辞，凡遇重大问题均交由星座去指明方向，这也是值得思考的现象。笔者曾组织一批同学就星座话题，开展了一次网络调查和一次深度访谈，网络调查通过专业的网络在线调查平台"问卷星"完成，调查时间从2014年4月18日开始，截止到2014年6月12日，总共收到153份样本，调查的问卷在本书的附录之中。本次调查虽不是一次比较大规模的、全面的问卷调查，但基本能够反映出当代人特别是年轻人对待星座的态度。

首先，调查结果显示，相信网络占星的大部分人是年轻的大学生，特别是"90后"。这也证实了一些媒体所说的"年轻人特别容易成为占星迷"的说法。而在年轻人里面，女性显然更容易受到星座文化的影响。

其次，大部分被调查者认为星座知识对日常生活能起到一定的作用，星座的一些知识"貌似有点道理"，但也并不会绝对相信。他们更多的只是抱着一种"平常心，有得看就看""百无聊赖，看一看星座娱乐娱乐"的心态在玩星座。这也可以解释为何在今天，各大门户网站都有星座频道。媒介通过主动设置一些星座的议题，让年轻人在百无聊赖中接触到星座，他们才有进一步产生兴趣的可能。话题的设置引领了青年的阅读需求和兴趣潮流，并不是因为年轻人有多热衷，而是因为有这些频道，年轻人很容易接触，所以才受到其影响。

再次，调查显示，了解自己的性格、运势、财富、爱情和友情，是年轻人关注星座的重要目的。年轻人了解星座主要不是为了钻研深奥的占星知识、探究宇宙的奥秘，而是希望通过星座了解自己的性格、未来的人生运势、财富收入情况及爱情和友情的状况。特别值得注意的是，尽管网络空间的星座热潮十分显著，本次调查结果显示出了一个出人意料的结果：大部分年轻人第一次了解星座知识主要是通过报纸杂志和亲人友人，而不是通过网络空间。这也可能和调查群体在童年和少年阶段的阅读媒介有关。而在网络空间，腾讯和新浪的星座频道对于年轻人的影响是比较大的，这类门户网站比起专业占星师个人网站，更有趣味性，更迎合大众的阅读审美口味，也更符合普通人"看着好玩儿"的娱乐休闲心态。

最后，本次调查问卷也涉及中国传统的风水、占卦与星座的认知比较。调查显示，大部分年轻人虽然觉得中国的风水、占卦相对而言更可信，但是对星座知识有更多的了解。他们对风水、占卦的印象仅仅停留在"有所耳闻"的阶段，而不熟悉的原因是"缺乏比较有效的媒介宣传"，以及中国传统的风水、占卦不如星座表现得有趣。

为了更好地了解网民特别是年轻人对于星座的认知态度，本课题组还在大学生群体里进行了一些个案性的深度访谈①，以下是一些访谈的问题和受访者的回答。

问：星座是否对你的社交产生了影响？

受访者A：在某种程度上产生了影响，一般如果对方不主动提起星座，我是不会提起星座的话题，如

---

① 本次访谈的受访者为本书作者所带班级的青年大学生，访谈时间是2019年5月4日—2019年5月14日，共有7位同学接受了访谈。

果对方透露自己的星座,我对于他的观感会稍微受到星座的影响。对于星座,我不是绝对地相信,也不是完全不信,它有时是挺有道理的。

受访者B:还是挺有影响的。虽然我对人的第一印象一般不会受到星座的影响,但我觉得长期相处后,还是和同星座的人更有话题、更懂彼此(在聊天时B常说"像我们是一个星座的,你就会比较懂我"这样的语句)。

受访者C:没什么影响,我都分不清每个星座对应的日期段,所以和人相处时一般不会在意别人的星座。即使知道他们的生日,也不会刻意去了解他们的星座。

受访者D:有的时候聊天会先问下,心里有个数,对方大概是个什么样的人,会有一个初步印象。有的时候是聊天的时候插着问下。对一个人的第一印象,星座是一方面,但不是决定性因素。比如狮子座的特质,可能是霸道、自大、过度自信,如果对方在聊天的时候表现出了自负的一面,我会下意识地想问是不是狮子座。如果和一个人聊得不错,觉得合得来,会问对方是不是天蝎座,因为我自己是巨蟹座,跟天蝎座的人比较合拍,如果对方是天蝎座的,会增加印象分。我的好朋友都是天蝎座的。

受访者E:没有,不会受到星座的影响,从外貌、谈话中可以发现性格。

受访者F:星座不了解,最近才开始了解,身边只有天蝎座和处女座的朋友。我是处女座,别人说我有强迫症,比如坐车的时候,如果车里有味道,我喜欢开窗透气。我不会根据星座来判断人的第一印象,也不会因为星座对一个人的第一印象改观。

受访者G：几乎没有影响。顶多在和人交流的时候偶尔会以星座为话题，但是话题过去后我就不会太在意了。

问：你的星座的特质与你自身是否有相似之处？会对你的自我认识产生影响吗？

受访者A：我觉得自己的性格和星座是不一样的，我其实是白羊座，但是实际上更像双鱼座。星座更像是一种参考和借鉴，我不会完全依赖它。

受访者B：我的星座特质和我的性格还是蛮像的，比如能力强、自信、有活力、有些爱面子。这些会对我产生影响，我会用星座分析来认识自己，不过主要是参考。有些其实也不符合（狮子座具有领导气质，是天生的王者，受访者B觉得自己没有这样的魄力）。

受访者C：不太关注。你提问时我刚刚百度了"射手座男生的性格"。不像分析的那么热情，也没有那么乐观。

受访者D：非常相似，我就是贤妻良母，温柔贤淑，热爱家庭型的。平时喜欢操持家务，插花，洗衣服，绣十字绣，织围巾等。热爱家居生活，对装修感兴趣，非常喜欢家的氛围。优柔寡断也是巨蟹座的特质，在我身上体现得比较多，我在做选择的时候顾虑多。星座能帮助我更好地认识自己。星座的特质会对我产生影响，特别是对找朋友有影响，幸运色、幸运数字都会比较关注。

受访者E：有些方面相似。比如控制欲强，喜欢占主导位置。睡觉夹被子。怕孤独，不想一个人待着，喜欢钻牛角尖，每天纠结于吃饭吃什么。有一定的强迫症的倾向，关门检查多次手机钥匙等。爱情方面，喜欢表现出来平淡的，但是要刻骨铭心的爱。敏感，别人的眼神、动作会影响自己的情绪，有自我折磨的倾向。心软，表面坚强，但是内心容易受到伤害。不会通过星座了解自己。不会对选择产生影响。

受访者F：有，强迫症很明显。睡觉要关灯，遮眼睛，不能闻刺激的味道，比如烟味、花露水味等。不喜欢吃饭的时候吧唧嘴的人。书可以很乱地放置，但是不能有灰。整理东西没过几天就会乱。性子直，有话敞开说，不喜欢背后评头论足。第一印象的言谈举止会影响交谈是否继续下去。乐于自我反省，且会借助星座的帮助。星座书会把性格的每一个方面列出来，真的能发现自己的性格与很多条符合，还有平时不在意的小习惯（在分析后，才发现有这些习惯的）是和星座的特质相符合的。不会对选择产生影响。

受访者G：有一定相似的地方。我是双鱼座，但是看其他星座的介绍觉得在某种程度上和自己也相像。记得以前我以为自己是水瓶座的，看水瓶座的介绍觉得和自己蛮像的，现在知道自己是双鱼座，看双鱼座的介绍也觉得和自己有一定相似。但是不得不承认，这对自我认识还是有一定影响的，但是在个人行为选择上还是按照自己主观意志来，不可能因为星座说不合适就放弃不做。我倾向于通过自己日常的行为和选择来应对星座上的解释。

问：会在手机上使用一些星座软件吗？是否经常使用？

受访者A：以前在手机里下过一个星座软件，但用了一下觉得没那么好玩，后来我就卸载了，仅仅是出于娱乐而已，或许还有些好奇。

受访者B：平板电脑上有一款应用"闹闹女巫店"，它有各星座的每日运势。我并不是天天看，有时候想起来就看一下，就当是好玩，图个好运气。所以星座运势对我每日的行事选择影响不大，已经决定好的事情不会因为星座信息而改变。

受访者C：没有，也不关注新浪星座之类的网站。偶尔看星座，也是因为微博上别的朋友转发，顺带着看一眼。

受访者D：微博上偶尔关注各种星座的心理学，豆瓣小组的星座分析也会看，但是觉得略牵强。寻求帮助，需要被指点迷津时会看星座，仅当作娱乐。很重要的场合，会看当天适合的数字和颜色，有关爱情、事业的运程，会去了解。但只是偶尔看看。

受访者E：否。

受访者F：否，偶尔搜索下相关信息。

受访者G：不会专门下载星座App的，顶多是一些App自带星座信息，这也不是我主观想要的。按照我个人爱好，我希望App上还是不要自带这些信息。

问：什么时候会想去看星座进行规划？

受访者A：我只有在遇到一些困难，或者内心有一些迷茫的时候，才会去看这方面的东西，希望能够看到些积极的东西来鼓励自己。

受访者D：迷茫的时候，不知道该做什么，该怎么做。比如某一天要在工作上刻苦，要与别人和平相处，要开心点，或者是要求控制情绪，会通过看星座给自己提个醒。最近一次看星座是无聊的时候刷到的。在重要的日子,会比较注意穿幸运颜色的衣服和幸运数字。买水果喜欢买幸运数字,买3或5个。淘宝上抽奖,会选代表幸运数字的盒子。上学期快要期末的时候,星座提示上说要远离摩羯座的负能量,我会故意不怎么搭理摩羯座的朋友,避免接触。

受访者E:不会看。

受访者F:朋友提及的时候会看看。如果后来应验了,我会很惊喜会印象深刻,但如果没应验,我也会一笑了之,慢慢淡忘这个小插曲。

受访者G:无聊的时候,或者是浏览信息无意中看见的,就随手点开看一下,随机性很强。

由上述的问卷调查和星座访谈可发现,星座的主要拥趸还是年轻人,他们主要通过大众媒介了解星座知识,而他们对于星座的态度往往也比较暧昧——主要是为了娱乐,在娱乐中顺带了解自己的性格、运势、财富、爱情和友情,很少有人会去系统钻研西方的占星知识。而通过交流性的深度访谈,我们可以发现,大部分人对于星座都怀抱着一种比较随意的态度,"有需求的时候才去相信",对星座的预言结果也不会强求。而少部分对星座深信不疑的受访者,年龄大多偏小,他们的日常社交和自我认知还比较受"星座说"影响。

前已言及,本书的目的不是研究占星术的具体操作,而是致力于从文化研究、社会学和心理学等多重维度,考察网络占星热的文化和社会原因。而在下文,本书将从情感、性格、信仰、娱乐和商业等层面,结合具体的个案,分析当代互联网空间中的种种占星现象,从而帮助人们更好地认识形形色色的网络占星。

星座为青年人提供一种生活的指南，星座文化宣传的内容涉及人的性格、婚姻、交友、职业、财富、健康等方面的预测性知识，用一些概括性强、模棱两可的语言做出的普适性描述，充分肯定与善意鼓励的劝诫与忠告，像一碗碗充满养分的心灵鸡汤，能一次次地抚平当代青年人焦虑的心灵。

星座：生活的指南

指向生活的方方面面

　　登录星座网站查看自己近期需要注意什么事项,什么时候能找到心目中的白马王子,"幸运日"和"倒霉日"分别是哪天,什么时候财运亨通、工作顺利……星座日益成为年轻人生活的必备指南。越来越多年轻人在同伴和网络媒介的宣传带动下接触星座,在"星际迷航"中寻找快乐,并在受用后津津乐道,乐于做下一个"布道者"和"扫盲者"。

　　★★★白羊座——译者:Kuko

　　本周,你被一群和你意见相左的人包围,如果你排斥他们,情况会变得消极,如果你吸引他们,则情况会变得积极,但无论如何,总是会对你产生要么正面,要么负面的影响。

　　这个称作"亚流派效应",你的情绪正在掌控你和他人,因此,你和你周围的人(可能正是你的映射)都会变得相当多变。你的朋友们将成为你的敌人或者你将成为他们的敌人,相同状况也在你和你的爱人、家人之间出现。

　　在某个关系中,无论你是故意的还是无心的,都引起了某人的不安。如果想要继续保持良好关系,那么需要你洞悉某人的感受。认真思考,你可能就能知道某人到底是指谁。

　　金星停驻于白羊的家庭宫,与你的职业和生活领域方向对冲,天王星入驻白羊座将对你产生影响,可能将你的人际关系,带入一个新纪元。

　　本周,白羊面临以下可能的状况:需要摆脱某位亲戚、想让自己抽离、处于一个局限的环境中、坚信某个理由、强烈保有某个观点。

本周内，你还会表现得不太像自己，情况往往是不得不如此或你已经深知当前的形势，必须接受这种局面的存在，但你还是无法喜欢这样。

这样的过程将使得你超越某人或被人反超，一旦出现这样的局面，友谊或关系将就此告一段落，记住一句谚语：和醋相比，能吸引到更多蜜蜂的是蜂蜜。

★★★金牛座——译者：硬糖

身边有一些"大气压力"，感谢火星激发影响各种人际关系，更准确地说，一些关系要求你做出行动。

可能因为过度投入，无论是精神，还是身体都有些精疲力竭，感觉受到限制，为外力所迫，也许某人无视你或贬损你。

也许某人想改变家庭成员之间的关系，或者对方侵犯到你，也许占用了你的时间，让你感觉到疲惫不堪、脆弱无力。

这周感觉很紧张，生活里发生的每件事和别人对待你的方式都有深层次的原因，如同你的星盘兄弟大白羊——火星挑起争端，让你（及其他人）对自己的行为反应比较敏感。

无论是面对什么境况，它是真实的，你的怒气也是真实的，双方的需求也是真实的。火星与土星都在关系宫，是时候让人们准确知道你的感受，以及什么是你想做的事，什么不是。

换种方式表达你的期望，其他人也许会满足，也许不会。

但要大声表达自己的需要，因为之前一直在沉默中坚忍并承受一切。

不再忍耐。你知道什么可以，什么不行，所以不要满足于任何次等的事物。

做一个经历一切艰难之后存活并能发展起来的优秀榜样吧。

世上有的事让人失望，有的事让人忧虑，但你不仅发现了问题，而且现在处于主导地位。

当无法承受的时候，回家去，壁炉后面是你的城堡，升起它的吊桥，你知道真正的运气和幸福会在关上的门背后找到（在那里，可以表达任何自己喜欢的东西）。

★★★双子座——译者：Mr. D

你似乎正刻意忽视关于某事的某个无可否认的事实，这可能是财务上的、有关某个情形的，或者是私人性质的，尽管你正不断得到越来越多的信息证明情况并非如此。

这就好像玩连线图一样，但如果你希望自己能看到真实的画面，其实并没有那么难，你所需要做的就只是进行深入了解……但你或许并不想这么做。

特别是，假如你自己深陷其中并已开始有改变的想法，那么这一切很可能会对你的自尊或信誉产生冲击。

这可能是某个你视为理所应当的情形，因此，当事情没有按你想象的方式进行的时候，你可能会感到更加震惊。

事实上这会是强大的一周，而且它会以一种正面的方式对你的关键关系造成冲击，尽管周五前后会有一段危险期，这可能与一个社交团体有关，也可能与一个朋友有关。

这可能会是某个悲伤的场合或社交上的某种尴尬情形，又或是与一家大型集团、组织或机构有关的财务、官僚问题。

你正进入一个美好的社交通道，其中所有形式的交流与旅行都潜藏着你的好运，因此，你也可能会去进行某些收尾工作（既是象征性的，也是字面上的）来享受狂欢。

火星将在进入你的宫位时给你的情感带来额外的迸发，你应该在这种星象下争取你所需要的（因为会有一个愿望得以实现）。

★★★巨蟹座——译者：幻觉

现在是你与某个人或某个群体对立的时候，因为金星在巨蟹座，如何处理要看你自己（但你也可能不打算处理或交给别人做主）。

周五前后，很明显是非常不稳定的状态，人们反对你的立场，或是表现出敌意，或是有些冲突问题，涉及你如何站队，甚至出现对你行为的批判。

近段时间来一直处于优势的某种策略或制度现在发生了变化和修订，或者有了不同的意义和解释，周末前会变得很明显。

你会收到相关信息和报告，将开启一系列沟通事务（并持续八月的大部分时间），与之相关的核心人士可能退出、辞职、弃权。

但整体上，一些令人愉悦的星象变化会影响你的爱情生活（如果有小孩也可能影响亲子关系），周边发生很多变化，主要发生在重要关系中。

不过现在发生的事情,是事务进展的自然演变,这是现实生活的必然,也是必要,没什么值得大惊小怪的。

这类似于"多米诺骨牌效应",某件事改变了事件进程,产生滚雪球一般的影响,这也就是现在你要处理重要分歧的原因。

财运好,所以钱不再是问题,你盼着某件长期以来一直在解决的事务最终带来收获并回报丰厚。

不会太久了,你的信念和毅力终将得到回报。①

(有删改)

上述是著名的占星专家苏珊·米勒在第一星座网上开设的"每周占星运势"栏目中写的内容,对十二个星座在2014年7月30日至8月5日一周里的运势进行了介绍。从上面的介绍中我们可以发现,占星的内容包括方方面面,从人际交往、职务晋升、家庭关系到爱情生活,几乎无所不包,在运势介绍中尤其会花一定篇幅预测你未来的困扰,起到预警作用。例如在谈到白羊座时,这周白羊座的人的主要生活困扰是"被一群意见相左的人包围",而且这些会影响到白羊座的人之后的生活,因为周围的朋友,甚至爱人和家人也会因为受到你的情绪影响,而成为你的"敌人"。同样,金牛座在这一周也遇到了生活上的麻烦,与家里人和生活中的朋友关系变得紧张,"也许某人想改变家庭成员之间的关系,或者对方侵犯到你,也许占用你的时间,让你感觉到疲惫不堪、脆弱无力"。

苏珊·米勒之所以在全球拥有大量拥趸,从她的星座分析

---

① 苏珊·米勒. 每周占星运势 7.30—8.5[EB/OL].(2014-08-02)[2018-10-20].https://www.d1xz.net/astro/kaiyun/art61004.aspx.

中可以窥见端倪——她进行占卜的内容，正是人们在现代社会中都会面对的各种问题场景。现代社会是一个复杂的流动性社会，人们在生活中每天都会碰到各种各样的问题，如何和家人相处，如何与同事和上司共事，如何与朋友及恋人交往，以及如何应付越来越复杂的周围环境，这是每一个人都必须面对且迫切需要解决的问题。特别是对"80后""90后"乃至"00后"而言，他们生活在一个物质相对丰富的环境，从小到大几乎没有受过什么磨难，也很难坦然接受生活中的挫折，但是当他们长大成人后，还是需要面对交友、恋爱、工作和生活中的许多问题。在此背景之下，网络上各种各样的星座读物正好为他们提供了一种"生活指南"，先帮助他们认识这纷繁复杂的世俗生活空间，再指引他们做出适当的选择。比如上文星座运势中提到的，当金牛座在这周遇到麻烦的时候，占星师提醒他，无论遇到什么事情，不要担忧，要让人们准确知道你的感受，还可以"换种方式表达你的期望，其他人也许会满足，也许不会"，以及"大声表达自己的需要，因为之前一直在沉默中坚忍并承受一切"。只要按照占星师说的去做，就可以缓解自己在生活中遇到的不顺心，而实在忍无可忍的时候，占星师还教给他一招，"回家去，壁炉后面是你的城堡，升起它的吊桥，你知道真正的运气和幸福会在关上的门背后找到（在那里，可以表达任何自己喜欢的东西）"。

尽管现代世界是查尔斯·泰勒所说的"世俗时代"（a secular age），一个祛魅的世界[①]，但当代青年迫切需要了解自己、了解社会，他们对未来感到迷茫、对人生选择存有困惑，他们需要一种外在的力量，甚至是神秘的力量给他们以贴

---

① 查尔斯·泰勒. 世俗时代 [M] 张容南，盛韵，刘擎，等译. 上海：上海三联书店，2016：51.

近实际的扶持和引领,帮助他们缓解生活的压力和心理的焦虑,与此同时,他们又不愿意接受学校、家长和其他长辈的"刻板教育",被动地进行人生选择或做出相应的生活判断。而这时,当代的网络"星座文化"以神秘古老的占星术、美好的神话寓言、漂亮的星座符号和带有指引性、教导性的星座分析出现,自然很容易被青年接受。彼得斯认为星座之所以有魅力,是出自人类自身的心理需求,"天象总是容易引起人类的恐惧,但人类发明了'星座'——实际上是人类具有的一种将各种点联起来的格式塔心理特性——而'星座'之说具有长期的生命力,说明格式塔心理具有一定的持久性"①。随意打开一个星座网,我们都可以看到带有神话和漫画色彩的星座图画。例如第一星座网关于天秤座的介绍中(图3-1),左边是一个与天秤相关的漫画形象,右边配以"天秤座常常追求和平和谐的感觉,他们善于交谈,沟通能力极强是他们最大的优点。他们最大的缺点,往往是犹豫不决。天秤座的人容易将自己的想法加诸别人身上,天秤座的人要小心这点。天秤座女生常常希望她们的伴侣会时刻陪伴着她们"②的文字介绍,这种图文结合的方式更能在视觉上吸引青少年。

网络上的星座文化俨然是年轻人的生活指南,从友情、爱情、职业、人际交往、财富运道及明星绯闻,几乎无所不包。而且星座能够与生活中的每一个话题都紧密联系在一起,足以让年轻人沉迷其中。尤其是喜欢追星的青少年,对于明星的话题总是很感兴趣,而许多星座网都会提供有关明星的星座故事,每当介绍某个星座的时候,都会提到与这个星座相关的名人和明星。一来加强星座群体的认同感和归属感,二来以明星

---

① 约翰·杜海姆·彼得斯.奇云:媒介即存有[M].邓建国,译.上海:复旦大学出版社,2020年:188.

② 来源于第一星座网,https://www.d1xz.net/astro/Libra/。

关键词	合伙	象征	天秤
四象性	风	掌管宫位	第七宫
阴阳性	阳性	最大特征	衡量抉择
主管星	金星	颜色	褐色
三方宫	基本	掌管身体	胃脏
金属	木	幸运号码	3

图 3-1　第一星座网关于天秤座的介绍

轶事做分析，满足人们的好奇心和探求八卦的心理，增强娱乐性。腾讯的《星运播报》就是一档与明星相关的占星栏目，这档栏目宣称是"腾讯星座第一档原创深度解析周刊"，里面的内容大多是关于明星的星运关系。例如第 65 期就从占星的角度分析明星之间的三角恋，这期的主要内容是关于黄晓明和文章等明星的星座话题，其中文章与马伊琍、姚笛的三角情感新闻在 2014 年闹得沸沸扬扬，而腾讯《星运播报》特别从星座的角度对三位明星进行了深度分析：

> 这一出三角恋，因为文章一贯的良好顾家形象，而成了 2014 年最热的滑稽戏。实际上一个男人爱家与他爱耍风流不一定是矛盾的，因为有那么一部分人，生下来就更为多情，搞文艺的男人尤其如此，但

冬生的张杰一直都没有闹出大笑话，而夏生的文章则被人捉了把柄，这就是自控力强弱的问题了。文章和马伊琍合盘的问题除了火星犯刑之外，还有土星的互刑。许多在第七年闹出矛盾的情侣，合盘上都有不够美好的土星，虽然巨蟹座不是容易选择离婚的星座，但不得不说因为这个土星，他们以后的感情只会越来越淡，不排除干脆分居或者离婚的可能，但应该不会这么迅速就划清界限。姚笛是一个很典型的双鱼座，会一头扎进爱情里面，去哭去笑去痛苦，回头仔细看一看，也许只是爱上了对爱情的感觉，她星盘上指引出来的并不是文章这种类型的男人，而是更为寡淡薄情，难以捉摸的一位男士，只能说她爱上了文章的好男人光环吧。

　　文章和姚笛很明显就是一时激情，他和姚笛这种冲动的女人并不好相处，但他和马伊琍今生的缘分恐怕也有限，算是非常可惜的一件事，很多情侣都会这样，在某个时间遇到，难舍难分，但七年一到就是非得分手，显得一切都像注定好了那样无可奈何，实际上则是因为双方都固执于自己的原则，不肯退让。①

（有删改）

青少年正处于追星的狂热年龄段，这样的分析提供了新鲜的话题，满足了他们的好奇心，明星们的星座分析也为他们相信星座提供了契机和佐证。星座以各类年轻人感兴趣的话题开头，引人入胜。综观各种各样的星座网站，作为世俗时代的

---

① 来源于腾讯《星运播报》第 65 期，https://astro.fashion.qq.com/zt2014/sanjiaolian/index.htm。

"葵花宝典",星座文化为年轻人提供了以下几个方面的生活指南。

一、性格指南

1. 性格与命运

如埃里克森所说,青年期是自我意识迅速发展并臻于成熟的阶段,他们非常希望能对自我的心理特征(性格、气质、兴趣爱好等)、人格特质(态度、能力等),以及自己与他人的关系(自己与周围人们的相处、自己在群体中的位置与作用等)有更多的了解。"当技术进展在早期学校生活与年轻人最后确定专业工作之间占据越来越多的时间时,青年期就变成了一个甚至更为显著和更具意识的时期,往往在某些时期的文化中,几乎成了儿童期与成人期之间的一种生活方式。因此,在学校生活后期,年轻人由于为生殖器成熟的生理发展而困扰,以及未来成人角色的尚未确定,于是便醉心于时尚的追求,似乎想建立一个青年亚文化群,把实际上才开始的同一性形成,视为最终的而不是暂时性的了。他们有时病态地,而且往往是好奇地一心想象着将自己认为自己是什么样的人与自己在别人眼光中表现为什么样的人进行比较,并且老是想着如何把早期养成的角色和技术与当前的理想原型结合起来的问题。"①

自我认同尚未清晰的青年在没有形成自己的价值观和人生目标时,迫切希望外界能够给他们提供确定性的东西,而星座文化中的各种解释和预测则正好满足了他们的心理需求。青年个体对自我的评价在很大程度上受到重要的他人或权威的影响。通过星座的描述,受众增加了了解自己、认同自己的机会,许多受访者表示,星座描述对于个体是独特的,并符合主

---

① 埃里克森. 同一性:青少年与危机 [M]. 孙名之, 译. 杭州:浙江教育出版社, 1998: 113-114.

观评价，基本可信。

青年自我认知的一个突出特点就是独立性，他们逐渐摆脱成人评价的影响，产生独立评价的倾向，而且其独立性随着年龄的增加而增长。在这种情况下，星座为青年提供了一种独立自我认知的工具，星座知识中相当大的一部分是对性格的描述，比如下面这段话：

> 白羊座的你出生在阳光和煦的三月及四月，因此你的性格也一如和煦的太阳，明朗而活力十足。脑筋灵活，做事迅速敏捷，是你制胜的武器……你具有坦荡的宽大胸襟，喜爱扶助弱小、雪中送炭，对待敌人也是光明正大地正面交战，不会暗中算计别人。不过，值得注意的是，有时太过直率如同一把尖锐的小刀，会深深刺伤别人的心，这种太过明朗的性格，如果控制得不合适，无形之中会树立许多敌人，这点是需要改进的地方。①

（有删改）

2. 学业与未来

人们潜意识里都爱掌控全局，做有把握的事，而星座解读似乎满足了受众对于未来生活的幻想，预测出的信息可以让受众对未来的生活产生憧憬。学业和职业是青年面临的重要课题，尚在求学的青年想知道每段时期的求学成果，选择职业的青年更是迫切需要足够的关于未来就业的信息，建构自己人生选择的基础。星座解读极力彰显"预知未来"的功能，正好满足了青年群体的需要，既对他们的行为结果进行了肯定的预

---

① 来源于新浪星座，http://astro.sina.com.cn/jian/20.shtml。

测,又通过鼓励的语言强化其实施的能力,在面对困难和挑战时为其提供了在现实生活中缺失的精神支持:

白羊座的你就像一个活跃于人生舞台的斗士,较适合做有挑战性的工作。在现代竞争激烈的商业社会中,你显得十分出色,愈困难、愈有挑战的工作,愈能发挥你工作上的独特能力,而在平静无波的状态下,你特有的大胆、积极的行动力,反而显示不出来,因此,你必须寻找具有挑战性、能自由发挥的职业……需要敏锐直觉力、迅速行动力的记者,大众传播,企业里的市场开拓、公关、宣传等冲锋陷阵性质的工作,都非常适合你。①

(有删改)

青年限于知识、能力、人生经验的局限,经常陷入对未来的向往与对现实的难以把握的矛盾之中,星座文化能结合性格分析给出青年未来预判及选择意向,为焦急不安的年轻人提供一个可以疏导情绪的通道和出口。他们虽隐约知晓星座不能完全决定自己的未来,但也会不自觉地依赖其为自己人生道路提供的备选方案。一些对未来缺乏信心的学生,试图在星座解读中寻求信心和支持。

因为知道将来定位在哪里,所以总喜欢看运程,做星座测试,看看它会怎么说,说不定能帮助我做决定。如果测试说我未来的工作会很好,能赚大钱,我也会很开心。(受访者6,女)

---

① 来源于新浪星座,http://astro.sina.com.cn/jian/20.shtml。

> 星座这方面的东西既神秘，又带有预言性质，我喜欢看星座，是想从中找到未来的方向，找一些建议，给自己一些信心。在比较了一些星座网站后，我会根据以往经验选准确度最高的，让它帮我看看未来的发展。（受访者7，男）
>
> 我当然不会全信，也不会它给什么意见我就绝对听从，只是找个参考。我想多数人对于求职这样严肃的事情应该不完全是抱持迷信的态度，而是有自己的想法。（受访者8，男）

星座文化对不同星座的人的性格、命理的分析和归类，在一定程度上满足了青年自我认知的需要。通过出生日期查找到对应的星座即可获得该星座的人的一般性格特征——星座文化以简单的操作方式、神秘主义的色彩和不可置疑的权威口吻吸引了不少青年的注意。各类星座读物的内容，主要是为不同星座的人群选择个性化的"人生箴言"、生活方向，进行本日、本周运势及本月本年的运程预测，提供从为人处世到生活态度、从职业选择到个人理财、从"何时走桃花运"到"合适的妻子（丈夫）人选"等方面的指导、建议。这些内容以先验的、权威的形式陈述，赢得青年的信任、依赖，对青年来说，仿佛知晓这一切就意味着彻底地了解了自己。

二、社交指南

现代人都渴望融入社会、被各类人群接纳，特别是正在建立社交圈的青年。星座为大家提供了一个天然的融合方式，无论这个人是谁，必然出生在1月到12月中的某一天，他就有了自己的星座，有了一群和他惺惺相惜的同类，他们分享共同气质、走入共同命运，"社群"在无形中被建立了起来。

1. 星座是了解他人的媒介

人际交往、群体生活，是青年社会发展的重要内容。"十二星座"都有自己的性格特征，青年能轻而易举地把周围的人对号入座，快速"得知"交往对象的性格特点，以便自己更清晰地对交往对象进行了解、做出判断。

在那些对星座文化推波助澜的网站、图书和时尚杂志中，诸如"如何与不同星座的恋人、老师、同学、上司相处"的讨论内容比比皆是，这对于缺乏人际交往技巧，急于解决群体生活中面临的现实问题的青年具有极大的吸引力。比如，处女座的人一般被描述成"爱唠叨，有洁癖，特别是精神洁癖，敏感，神经质"等，因此，"与这一星座的人相处要注意整洁，并给其以安全感"。这些具有普遍适用性的建议，很容易被证明是"有道理的"。而这一旦被自己的生活体验和交友经历证明，青年就会主动寻找更多的相关信息，并奉为金玉良言、行动指南。在个人的生活脉络中，每个个体所拥有的经验与经历毕竟是有限的，在面对超出个人经验范围的情况时，他们更需要一种"放之四海而皆准"的行动指南，因此，星座网站中提供的行为态度和处事模式便成为他们的不二参考：

> 看完自己的星座后，我会留意别的星座描述，会细想我周围认识的人，对号入座，看看他们是不是有网上所说的特征。和别人交谈时，知道他是什么星座，就知道他大概是怎样的一个人、该如何去相处、有什么优缺点。（受访者4，男）
>
> 我就是参考看看，但在看过之后就会去观察别人，比如家人和我的同学、朋友，如果星座说我们性格适合或不适合，应该怎么应对，我也会在与他交往时注意。（受访者5，女）

2. 生活的谈资

人们常常利用报纸或电视上的内容，来作为和朋友、同事或是陌生人聊天的素材，以便建立友谊。星座文化由于自身内容的特点，易在青年个体间形成共同兴趣，能发挥积极交往媒介的作用。有受访者就表示看网站内容时会努力记住每个星座的基本资讯，会把从中学到的东西作为聊天时的话题：

> 我把从占星网站上看到的内容当作消遣娱乐，我们宿舍大家没事时聊聊天，就会说到比如今天我做了什么样的心理测验，有什么样的结果，也可以分享给她们，应该也算是和室友茶余饭后聊天的话题。（受访者9，女）

> 跟别人聊天的时候，可以讲有关这方面的话题，我觉得不少人对这类东西感兴趣，跟他们讲他们很爱听。比如我们各自聊到男朋友是什么星座，他的个性是不是这样，经常发现刚好是星座网站上讲的那样，大家都觉得很准，会增加继续关注的兴趣。（受访者10，女）

青年人之所以愿意谈论星座，是因为它是个很好的社交话题。一方面，文化资本对应社会资本，为了增加自身的文化资本，青年把星座文化当作一个"有趣的知识点"，这个话题既可与每个人都产生关系，又可长可短，可深入探究，又可泛泛而谈——这是一个几乎适用于任何场合的谈资，可以用来提升自己的交际范围、拓展人脉，星座由此成为一种增加社会资本的渠道。在谈论中，青年也会受到其他人的情绪感染而去附和某些说法。另一方面，随着年龄的增长，进一步的社会化使大部分学生认识到人际关系的重要性，迫切的需求促使他们倾向于在星座解读中寻找行为规范指南。① 他们大多抱着明确的目的，自主去接触星座文化中的特定内容，而对于那些星座文化中不实用的内容则很少关注。

3. 从众心理和孤立恐惧

社会心理学家认为，一个成员是否受集体欢迎取决于他对集体规范的遵守与否，为了不被集体排斥，个人便会在集体规范的压力下表现出从众行为。人际会对个人形成群体压力并促使群体规范的最终形成，个人为了避免因为与众不同的观点而遭受到群体的孤立，会与群体中多数意见保持一致。

青年作为身心尚不完全成熟的社会群体，特别急于模仿社会上或自己周围的人群中那些正在流行的生活方式、行为方式，以求得社会的认同，适应迅速变化的社会生活，获得安全感，从而达到心理上的平衡。② 他们想融入某个群体，就会自然地接受该群体的态度，通过顺应和强化而进一步内化成自己的态度。网络媒介的发展日新月异，其信息容量大、更新快、内容多样，使生活在此种环境下的个人更易受群体文化影响。青年接触星座文化在一定程度上就是因为周围群体潜在规范的影响，大众媒体对星座的宣传早就渗透进校园，当身边充斥着同龄人对星座的讨论，打开电脑、翻开杂志也有关于星座的内容——所处的群体环境的主要文化就是"星座文化"时，对于生活于其中的单独青年个体而言，为了不与群体失去联系和共同话语，便产生了"求同于人"的心理，他们对星座的心理接受过程也更加顺畅。因而，周围的人对星座的态度也会成为星座文化的有力传播媒介。

---

① 左鹏，章淑玲，袁娜. 从"星座热"现象透析大学生文化价值观冲突 [J]. 文化学刊，2011（3）.

② 刘少蕾. 自我实现与时尚流行：当代城市青年时尚的社会心理学分析 [J]. 当代青年研究，1996（5）.

三、爱情指南

"爱情是什么?""看看星座怎么说!"

满天的繁星神秘又迷人,而它们似乎天然就与爱情相关,弗雷泽在《金枝》中就记录了印度教古书里的一条规则,"在新婚之夜,新郎必须和他的新娘安静地坐在一起,从太阳落山直到天空星光闪烁。当北极星出现,他必须指给她看,并对这颗星说:'您是坚定不移的,我看见您了!您这永恒的星。求您坚定地和我同在吧,啊,您这旺盛的星!'然后他指向他的妻子,他必须说:'布里哈斯帕蒂已经将你赐给我了,为我,你的丈夫,生儿育女吧!跟我白头到老吧!'这种仪式很明显是企图用星星的永恒不变的影响力来防止人生的命运多舛、祸福无常"①。

"爱情"是人类永恒的追求。对于涉世未深的青年,爱情更是新鲜又神秘。正因为如此,星座文化更多地流行在青年谈情说爱的过程中。"星座速配""十二星座理想伴侣"等形形色色的爱情指南,是星座文化产品必不可少的内容。它们指出不同星座的人之间的协调性大小、配比度高低;每个星座的人适合同哪些星座的人恋爱,和哪些星座的人结婚;某星座和某星座相处出现问题时,应该如何解决;等等。如有的年轻人说:"我是白羊座,最怕看见摩羯座,肯定不和这个星座谈恋爱。"有了这样的"先见之明",自觉与不同配比度的人交往就有了主动权,与配比度比较高的人交往能轻松自如、充满信心,而与配比度低的人交往则会有一种先入为主的防卫意识。

杜甫说:"人生不相见,动如参与商。"星座是一把钥匙,也许可以打开爱情这个锁,也许打不开,但是青年毕竟手中多

---

① 弗雷泽. 金枝[M]. 汪培基,徐育新,张泽石,译. 北京:商务印书馆,2012:60-61.

了一把钥匙。因此,我们常常会听到年轻人之间类似的对话"你是什么星座的?""你适合找什么样的星座当男友?""你的男友和你的星座不是很配呀,你们相处起来怎么样?"

笔者在第一星座网找到一张星座配对指数表(表3-1),表中详细分析了十二星座男女各自配对的匹配指数。在星座迷心中,这些指数像罗盘的指针一样指引着爱情的方向,尚在单身的人赶紧把指数高的星座圈出来;谈恋爱的,则赶紧看看数据,对象和自己匹配数高的沾沾自喜,不高的则暗自心惊:我能和他(她)走得长远吗?

表3-1 星座配对指数表①

星座		男											
		双鱼	水瓶	摩羯	射手	天蝎	天秤	处女	狮子	巨蟹	双子	金牛	白羊
女	白羊	79	88	58	99	70	85	65	94	47	82	75	90
	金牛	81	66	93	61	78	57	97	45	75	72	88	68
	双子	48	99	64	86	69	93	57	81	71	89	76	79
	巨蟹	97	74	87	70	92	66	84	61	89	78	82	52
	狮子	62	84	77	92	45	81	72	87	69	79	56	97
	处女	84	55	95	72	81	49	89	66	88	76	91	61
	天秤	64	95	47	80	71	90	77	88	59	98	74	85
	天蝎	92	57	76	47	87	73	84	65	97	68	80	60
	射手	44	78	75	89	68	86	58	98	65	81	70	92
	摩羯	77	74	88	64	85	51	92	59	80	70	97	43
	水瓶	60	87	69	82	51	96	64	78	58	91	41	72
	双鱼	88	69	82	54	99	74	65	61	93	46	78	71

恋爱是青年人之间的热门话题,不管认同与否,星座总能用自己的逻辑对恋爱做出解读。比如:

---

① 来源于第一星座网,http://www.dajiazhao.com/qinglv/pd_astro.asp。

在处女座的你的眼中，自己的恋爱障碍重重，自卑的你很喜欢分析所有的东西，包括你跟情人的感情。你不会是令人一见钟情的类型，你的爱情多是经过漫长的追求才有机会得手。太过严谨不免令对方怀疑你的真诚，劝你还是豁达一点，不要太过斤斤计较。我认识的处女座都有一个共通点，当他们不开心或是要好的朋友不开心时，他们想到的第一样东西——酒。这么好酒的他们却永远拥有窈窕的身材，简直是一个谜……①

(有删改)

在此基础上，星座还提供更直接的恋爱攻略，比如：

如果你单恋的那个人是"下国际象棋的人马座（指射手座）"，那么因为他喜欢精神性的东西，所以如果你去问他一些哲学或者思想书上的问题，或者去跟他讨论那些问题，他一定会非常高兴。如果你对他的话表示感动，那么他会更高兴的。如果在这样的时候向他表白，可能是最好的进攻方式吧。②

又比如：

与双子座最匹配的人应当富有好奇心，有强壮的体魄和旺盛的精神，自然不做作。如果这个人在你滔滔不绝地说出许多琐碎之事后，不仅不会感到有所负

---

① 来源于360星座网，https://www.xingzuo360.cn/xingzuoaiqing/125994.html。
② 来源于360星座网，http://www.xingzuo360.cn/xingzuochaxun/72xingquxiangjie/68695.html。

担，还能通过出色的组织能力——予以化解，就是最为理想的配偶了。双子座男性应当选择不甘人后，有时甚至向你提出挑战的有强烈独立精神的女性。双子座女性若与既能接受自己变化无常的情绪，又不会被牵着鼻子走的男性结合，会感到莫大的幸福。①

一方面，爱情对于青年来说是既美好又苦涩、既充满诱惑力又不好把握的存在。借助星座文化，他们可以明确自己理想伴侣的特征，在难以预料结果的爱情道路上，为自己提供一些指导和慰藉，削弱爱情的不稳定性带来的焦虑和恐慌，从而在心理上可以相对确定地了解和把握极具不稳定性的爱情。

另一方面，星座文化也符合校园爱情的特点。象牙塔里的爱情被认为是世间最美好的爱情：纯洁、简单，而星座文化就提供了这样一种理想的爱情模式，它为你清晰描绘出爱情的模样，甚至理想伴侣"该有的样子"。校园星座文化的主体是"单身贵族"或在情感边缘徘徊者。"单身贵族"在实际生活中未找到爱情，则转而寻找虚幻中的理想爱情；而在情感边缘徘徊者往往处于选择的两难境地，需要寻找一些帮助自己做决定的非自身因素。

校园中对星座文化的追捧存在性别差异，女性是星座文化的主要信徒和传播推动者，她们普遍对星座文化持积极的、肯定的态度。大部分女生看完星座后倾向于与家人、朋友讨论，以此互相沟通。这可能与女生更感性、更容易自我暗示、更容易对浪漫美妙的东西充满幻想有关，菲斯克便认为，"幻想常被看作女性特有的现象，而表征则与男性相联系。按这种观

---

① 来源于360星座网，http://www.xingzuo360.cn/szpeidui/46474.html。

点,幻想是被当作'纯粹逃避主义'来建构的,是女性因无法与(男性化)现实妥协而形成的弱势的标志。它是一种允许女性以一种在'现实'世界中从来也不可能采取的方式实现其欲望的白日梦,是由她们'实际'缺乏权力引起并掩盖了这种状况的补偿领域"[①]。男性性情相对率直,看重实实在在的爱情;女性则感情细腻,向往理想中的浪漫,或更相信"缘分"。而"星座知识"的功能之一就是帮助一个人了解与之有缘(相配)星座的情况,以及为什么它们之间会相匹配,这正迎合女性的"缘分"情结。所以,相比于女性,更多的男性对星座文化持无所谓、不屑,甚至排斥的态度——与其相信那些虚妄,不如在现实中体验更真实的情感。

"星座爱情"也是有负影响的,人们如果对其过分相信甚至尊崇,只活在幻想的爱情中,在现实中就会极易碰壁或错失良机。因为每个个体都是不同的,不能以共性去涵盖所有的个性,现实的爱情要远比星座中所说的复杂得多。

中国目前正处于转型期,随着周遭社会未知因素的增多,人们也更加关切自己未来的命运。青年由于本身各方面还不够成熟,他们需要某些理论来填补内心的空缺,需要某种观念获得精神上的寄托,因此,青年把星座文化纳入自己的价值体系中。星座成为他们在不稳定的世界里寻求稳定性的一种重要的工具,这种文化满足了人们想要了解未知的心理期待,也在一定程度上缓解了现实的压力,提供一种心理上的放松和满足。

另外,青年群体"社会地位"的临时性,决定了他们多半处在容易发生"角色混淆"的阶段,他们对未来有很高的期

---

① 菲斯克.解读大众文化[M].杨全强,译.南京:南京大学出版社,2001:31.

望,又囿于实现这种期望的能力相对不足,这就容易导致他们对自身和社会产生困惑,星座文化正好给他们提供确定性和心理引导。①

话语的魔方

星座解读对个体的针对性强,语言生动优美,通俗易懂。与传统教育不同的是,作为舶来品,其久远的历史、细腻入微的性格解说、丰富多彩的内容、美轮美奂的星座符号和星座人物这一自成一套的星座学说,迎合了青年希望逃避现实生活、向往浪漫与梦幻的心灵需求,自然引发他们极大的兴趣。要想吸引人,星座自然有一套"话术",让我们来近距离看看这一套"话术"是如何起作用的。

一、简单化与控制感的"话术"

"人"及"人"所衍生出的行为、动机、性格等,是这个世界上最难解释的东西。而星座,恰恰尝试给这些"最难"做分类。无论是谁,一个普遍感兴趣的话题就是:在别人眼里,我是怎样的人?人都有解释和推断别人态度和行为的需要,并且人都有偷懒的倾向,即越简单易懂的解释越受人欢迎。通过分类可以减轻无知的恐惧:当我们在一片混沌中分出阴阳四象五行八卦十二宫时,便不再感觉那么混沌了,好像自己拥有了掌控它的能力,变得更加强大。

1. 标签化的分类归纳

卡西尔说:"分类是人类言语的基本特性之一。命名活动本身即依赖于分类的过程。给一个对象或活动以一个名字,也

---

① 陈锐.大学生星座文化接触行为研究:消费文化下的青年时尚透析[C]//中国传媒大学研究生院.中国传媒大学第三届全国新闻学与传播学博士生学术研讨会论文集.北京:中国传媒大学国际传播研究中心,2009:294.

就是把它纳入某一类概念之下。"① 星座说就是这样漂亮出手,它成功地把一整块蛋糕平均分为12份,将受众细化。在这样的各就各位之后,所有人都能在星座的讲解书里找到属于自己的一页。你是12个性格种类中的这样一个:双鱼座?恭喜,你温柔善良爱幻想;金牛座?恭喜,你有一个正视现实的雄心和非凡的分析能力;巨蟹座?恭喜,顾家的人,你的一生平静温馨;天蝎座?恭喜,目标明确的你总能找到最有效的捷径……当描述的状况和我们相符时,我们拍案而起"太对啦!";当描述的内容略有出入时,我们很快就会忽略直至忘记。于是我们开始说:"我们这个星座的人是怎样怎样的,而我恰恰就是这样的!"

在每天都要面对诸多不确定性的今天,细化的星座说能帮助人们把复杂的事情简单化。再自信的人也会突然渴望一点宿命论的支持,因为这可以增加一个人的控制感。如果控制感不足,人的主动行为就会减少。尤其是年轻人,当他们囿于知识、能力、经验等条件的限制,无法对这个世界做出尽可能客观、理性的评价时,便喜欢躲藏在星座的背后看未来的"脸谱"。这给了他们信心及对所处环境、人、事的控制感,他们从中获得了安全感。比如当我们对一个人还不太了解的时候,问对方是什么星座,答曰"金牛",我们顿时就把"固执又爱钱"的标签贴上去了,好像心里比较了解这人了。人喜欢被归类,而星座就是一种归类法。星座赋予人们的归属感,其实是将他人概念化、简单化,再根据自己简单的是非系统来决定喜欢或者讨厌这个被概括出的人。

---

① 卡西尔.人论:人类文化哲学导引[M].甘阳,译.上海:上海译文出版社,2013:229.

2. 控制的愉悦

在媒介使用过程中，可以产生控制的愉悦。控制的愉悦是一种功能性的愉悦，受众通过接触媒介，来达到控制外在世界的作用，感受到那种对于外在世界能充分掌握或控制的成就感。受众在接收到星座网站描述周遭朋友的个性、境况的信息时，会让他们产生一种自己能够更清晰地认识及掌控身边人的感觉，进而产生控制的愉悦感。星座现象反映了青年社会化过程中认知、情感和信念发展的需要，以及对身心协调问题采取的应对方式。[1] 青年通过对相关星座的分析，更多地了解了未来，使模糊、抽象的未来变得直接、具体。在这方面，星座文化起到的是原则性的指导和消除不确定性的作用，青年在接收大方向的指导后，会觉得有了总体的把握，"心里有了底"。

为了人们在各个方面的控制需求，关于星座与某一主题的关系的说法层出不穷，并且花样不断翻新。即使是对于让人难以捉摸的爱情，星座理论也能向所有没底的男女青年说得头头是道、鞭辟入里，让他们觉得一切尽在掌握。

但是，星座性格分类容易使青年的自我认识及与他人交往出现偏差。星座文化为各类人群贴上的"标签"使得青年做出的人际判断过于简单化、程式化，这种心理暗示往往演变成潜意识，并被不自觉地用来判断自我和他人，很容易形成对某一星座群体的"刻板印象"。而在人际交往中越依赖于刻板印象，对人的全面认识、对全局的把握就会越片面，整体的发散性、创造性思维能力也就越差。如果只是一味地依赖和相信星座解说而忽略自我的个性成长，对他人的主观判断只遵循"书中所言"，这就极大地削弱了处于人生黄金阶段的青少年群体的主观能动性。

---

[1] 周舟. 星座文化下青少年的心理观 [J]. 青年探索，2004（2）.

二、含糊其词的心灵鸡汤

如果我们不喜欢被别人简单地夸为"好人",星座上有无数的词汇供我们选择：善良、机智、稳重、幽默、勇敢等,个个都能为你提供褒义的享受,且保证听得受用,信以为真。我们可以保证在这 12 个星座中,没有忘恩负义的伪君子,没有穷凶极恶的持刀歹徒,即使偶有微词,也必以急躁、犹豫不决等略微带贬义的词汇委婉带过。这样,你能看清真正的自己和他人吗？

各星座的特征大多其实并不冲突,可能每个人在某些时候都会有一点追求完美,在某些时候都会想要浪漫一下。看到这样的描述,如果她是处女座的,她会觉得星座很准；如果她是双鱼座的,她同样会觉得星座很准。其实,神秘莫测与庸庸碌碌、桀骜不驯与平易近人、直爽与敏感、固执与多变等多种矛盾性格常常集于同一个人。每个人都是多面体,都是各种性格的综合,也时常会有多重心理。一些模棱两可的词也并不能涵盖一个人一辈子从一而终的性格特征。每一个星座的性格都可以在同一个人身上找到。

比如这一段描述某个星座的话,其实可以套用到任何星座上。

> 他的适应性很好,可塑性也很强,这些个性通过技巧和效率得到了淋漓尽致地发挥。他在生活中充满活力,但这种活力会朝着秩序、控制和平衡的方向发展。无论是在社交、物质还是智慧上,他都非常讲求条理。他看起来可能是一个乐于遵循社会规范、举止得体、颇有道德感的人,是生活富足、思想健全的中

产阶级中的一员。①

星座性格的描述往往暧昧宽泛，所有人看起来都觉得正确。例如处女座的女生被描述为具有"追求完美主义"的天性，处女座女生深表同意，觉得"知我懂我"，但是，不是处女座的你们，就不喜欢完美了吗？

笔者随机以昵称为"双鱼座—心理学"的新浪微博用户为例，该用户在一条微博里这样写道："双鱼是个爱情的执着者，不管这个世界变成怎样，他们对爱的专一永远也不会变。"暂且不提"执着者"是个相当具有普适性的词，当笔者去掉"双鱼"两字，将后面的描述语在百度搜索，仅仅是前两页结果中就充斥着各类其他星座：射手、双子、巨蟹、天蝎、摩羯、金牛……这段追捧的话让双鱼座或者与双鱼座谈恋爱的人心里很受用，而非相关者，则容易忽视这句，因为人的天性，是对夸赞自己及批评别人更加记忆深刻。

一个叫作"information is beautiful"的网站，对十二星座运程预测里那些似是而非、模糊不清的话语做了详尽的数据分析，搜集流行的雅虎星座预测站点上的 22 000 个星座运势文本，试图通过数据反驳那些不靠谱的星座预测。工作人员利用线上工具在这个文本库里寻找高频单词，首先分别找出每个星座词条里出现频率最高的 50 个单词，再从中挑选出每个星座独有的那些词汇。

经过抓取、过滤、分析等一系列步骤，最终发现，关于十二星座运势的词汇里，各自之间 90% 以上的描述语是相同的。所以，所谓的星座预测其实所说的内容差不多，都是通过对高频词汇与不同的星座进行的排列组合，拼拼凑凑成模糊不清的

---

① 怀斯曼. 怪诞心理学 [M]. 路本福, 译. 天津：天津教育出版社, 2009：18.

话语，在读者主动的对号入座下就成了各自认为的超准的预测。

图 3-2 是他们的成果之一，我们发现各个星座预测中出现的高频词大多是相互覆盖的，而各个星座特有的高频词只占很小部分（图中加下划线的词）。

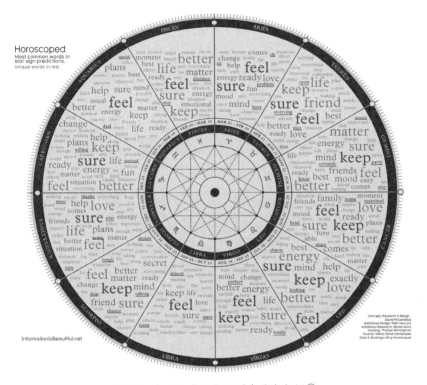

图 3-2　十二星座运程预测中的高频词①

其实，星座的语言都是精细构思下的产物，能够将读者心目中的自我形象诱发出来。比如，在归纳水瓶座的个性时，星座语言大多表示，此星座的人们，可分为不同的两类：选择离群索居的可能是冷若冰霜、拒人于千里之外的人；其他水瓶座

---

① 图片截取自网页 https://informationisbeautiful.net/2011/horoscoped/。

的人则可能是非常多言、热心和友善的。这样语意模糊又两头押宝，自然涵盖了大部分人的性格特征，读者依照自我形象的不同，很容易在"冷淡"或"热心"的归类中找到自己，难怪星宿个性表总是很"准确"。

开句玩笑话，只可惜星座只有12个，即使是再模棱两可，再虚虚实实，吹捧与夸奖的覆盖面也有限。不过没有关系，星座服务是一项全方位、多层次、大范围的"公益服务项目"。除了起主要作用的黄道十二宫之外，还有月亮星座、金星星座、上升星座、风向星座、生辰天宫图等一系列"二线星座"的服务，他们竭尽所能地满足还要继续探究的你，继续为你解释爱情、事业、人际、家庭……

这样一来，体系完善、架构庞大、复杂的星座学说便能涵盖你的所有生活，如果你感到自己并不完全是主体星座所描述的那样，那么很有可能是你的风向星座稍有偏向，又或者你的生辰天宫图中没有显示出你本星座应有的"绿色幸运大三角"，所以你的主体星座就发生了变化，虽然你的生辰星位落在了某一星座的位置，但是你的实际主体星座是另一个。

如此一来，你又可以进行一番模棱两可、虚虚实实的预测规划。如果还不像，那么再重新来一遍，看看还有什么别的"二线星座"落在了其他的地方，看看是否可以再次改写你的命运。即使是在同一个主体星座下，由于各种附属星座的相互作用不同，因此，你也很可能拥有与主体星座南辕北辙的性格特征。而你必须相信的是，在如此众多的"一线星座"和"二线星座"的排列组合中，必有一款适合你。

1. 逢凶化吉

自利动机是生存的基础，表现在自我认知上也一样。星座运用这一点的最好方式就是少说坏话——但基于说"实话"的原则，还是不得不说一些，只不过最好就连这最后的坏处也能经常表述得逢凶化吉才好。星座要想大行其道，必须说得积极美好一些，这样才能让每一个描述在不失个性化的同时，还都会让人深刻自我发掘一番，而这其中，缺点更能让大家觉得"一针见血"，其中的善意提示还有点"知己"的味道。

既然星座可以描写人的性格和未来，它就可能促成这样的性格和未来的形成。假如一个人相信什么事情会发生，他便有可能会自觉或不自觉地引导这件事的发生；他也可能会不自觉地采取一种特定的行为，结果是星座的预言与实际的观察相符合。哪怕星座交友规律开始是荒谬的，只要很多人相信并按照这个规则行事，譬如白羊座男生都追求狮子座女生，那么这个规则会获得证明并且变得更加可信——这就是社会学中有名的"皮克马利翁效应"（pygmalion effect）：一个预言，自己证明了自己。

2. 证实偏见

经验说：我们脑中的观念都是多年经验的积累，通过理性的思考所形成的。

实验说：日常生活中，人并不都是理性客观的。你的大脑有强大的选择机制，会自动过滤那些你不赞同的观点，只留下你认为正确的。

大家对算命都或多或少有所了解，当人愿意去相信某些事情的时候，会自动屏蔽一些不相符合的事实或者与自己意愿违背的信息。算命总有一部分对，一部分不对，然后自己会有意识地去验证对的部分，忽视错的部分。当我们在主观上支持某种观点时，我们往往倾向于寻找那些能够支持我们观点的信息，而忽视掉那些与我们意见相左的，这就是"证实性偏见"（confirmation bias）。

"证实性偏见"就像人脑中的过滤器。某一个言论，如果恰巧你们的过滤器设置相同，你就觉得说得头头是道并洗耳恭听；如果讲的是你不认同的观点，那么你很可能早已不感兴趣且离开。很多人并不在乎某个观点是对与错，而仅仅是为了追求相互的认同感。

化用到星座上，人性是一个复杂多变、充满矛盾的多面体。星座描述总会用具有普适性的话语指引我们在记忆中寻找到相应的事例。比如我是射手座，我会拿自己的某些特质来印证射手的某些特质，而对于其他不相符的特质，我往往不会深思，自动屏蔽。再加上星座的特质可以无穷发散，总有一两条正好和我相符。只要心中相信，脚下便暗示自己朝着星座模型迈步。

3. 主观验证

经验说：他不认识我，却把我描述得如此准确，知道我的前世今生，真是太神了！

实验说：即使他把所有话都反过来说，你一样会觉得头头是道，因为你的大脑会自觉地进行"主观验证"（subjective validation）。来看这一段分析：

> 新的一年是明媚的，你也正以充满元气和热情的状态迈入新的一年。去年，代表能量和精力的火星离金牛座越来越近，但很奇怪的是，就在马上要到达你星座的时候，火星陷入停滞，然后调转运行方向，而且就在他马上要来到金牛座，你也要做好准备接受他加冕的时候出现了这样的状况。这个星象让你承担了更微妙、更幕后的事。①

这段文字写的是金牛座 2019 年的运势，但似乎换成天蝎

---

① 来源于美国神婆星座网，https://www.zuixingzuo.net/meiyue/d304081.html。

座、双鱼座、白羊座也都很符合。

星座运势基本上讲的都是我们每天经历的事情，于是，我们就会将星座运势与自己的实际经历联系起来。这样一看，星座运势上说的，还真的挺准。这一切，正是"主观验证"在起作用。

1948年，美国心理学家伯特伦·福勒给学生做了一次著名的心理测试。他告诉学生，答完测试题之后，他们每人会拿到一份以测试结果为依据的独一无二的性格分析报告，然后他要求学生每人以0至5为区间给这份分析报告的描述准确度评分，最后收上来的平均分是4.26。事实上，每一个学生拿到的性格分析报告的内容之所以完全一致，只是因为报告中的大部分描述适用所有人，从而使他们产生了报告描述很准确的错觉。

人们都有一种接受模糊、笼统描述，并认为这种描述非常准确的心理倾向。主观验证能对我们产生影响，主要是因为我们心中想要相信。如果想要相信一件事，我们总可以搜集到各种各样支持自己的证据。就算是毫不相干的事情，我们还是可以找到一个逻辑让它符合自己的设想。星座运势就是利用了人们这种容易受主观验证影响的天性。星座专家根本不用动脑筋看水晶球占卜，他们只要信口开河说一些模棱两可的话，我们的大脑便会自动通过主观验证将这些话与自己的生活细节联系起来，然后再通过"证实偏见"加以确认。可能这些话最终在每个人脑中留下的观念都不一样，但在每个人眼里，星座运势都是对的。这也是星座运势里的描述总是不够精确，却被大范围接受（转发、传播等）的原因。

回到本章之前的那几句典型描述：处女座追求完美主义吗？——可能是的。只有处女座才会是完美主义者？——怎么可能。实际上，完美主义是个很主观的定义，人的一生会遇到那么多事情，而人的精力是有限的，追求完美必定也只能是在自己看重的事情上追求完美。可能一个处女座的人看了星座分析想到自己喜欢的那些事情，说自己确实追求完美。一个不是处女座的人同样在自己看重的事情上花费很多精力，做到尽善尽美，可能他不一定用同样的词，他的评价是对此"感兴趣"，或者觉得这件事对自己"很重要"，但也表达了同样的意思。

4. 巴纳姆效应

巴纳姆效应是指，每个人都会很容易相信一个笼统的、一般性的人格描述。即使这种描述十分空洞，哪怕自己根本不是这种人，他仍然认为这反映了人格面貌。大多数人并不真正了解自己，此时最有效的描述策略就是"差不多就行"。

所以星座描述分类性格的时候，会着重说优点，缺点也要描述得"人性化"一些。这样，只要有一两点能"对号入座"，剩下的就可以让巴纳姆效应去发挥作用了。

当我们看星座时，我们实际在看什么？从社会心理上来说，星座具有强烈的心理暗示作用，那些几乎可以适用于所有人、事的说法，多是人们乐于听取的好话，可以安抚年轻人迷茫的心灵。然而科学的道理、理性的分析在安抚心灵的需求面前，有时会显得生硬和无能为力，严肃的话语虽然能让人更清楚地面对现实，但是远远没有星座温柔、中庸的语言更有作用。"我有时候也知道星座的预测并不准确，但是看见那些安慰的话语，我心里就踏实下来。"一些星座迷如是说。

其实大部分人不在乎真相，星座用模棱两可的、笼统的、一般性的描述语句，说着励志性的话语，用含糊其词的心灵鸡汤抚慰人们。对于大部分抱着"休闲娱乐"心态看星座运势的人来说，当预测的结果与自身的经历出现巧合时，会惊叹于结果的准确，形成强烈的心理刺激，因而记忆深刻；当出现不准确的结果时，就会表现出很容易忘记这一结果的倾向。

让星座"照亮我的路"

一个人的幸福,与什么有关?或者保险的回答是主要与自己的追求有关。毕竟有的人喜欢平平淡淡,安心淡然就是幸福;有的人追求刺激的生活,有充实的物质享受,才会感觉到幸福。那么你呢?你的幸福与什么有关?是家庭和谐、家人健康你就觉得知足,还是你也追求充裕的物质生活?你的心会告诉你答案的。①

这是腾讯星座空间的一段话,这段话试图表达的是,无论星座上的说辞是多么绚丽,幸福生活其实和人内心的追求有关。作为青年人在爱情、友情和工作方面的生活指南,星座文化其实也是一种心灵文化,它意在调节当代人的心理,让人们更好地去生活、恋爱和工作。

对于另一群以星座运势为人生指南的读者来说,他们对于星座描述的心理期待则又不一样了。12 类性格模式,144 种爱情组合,365 天的 12 种运势……生活从此缤纷,他们依照"新皇历"了解了一堆跟星座有关的东西——吉祥物、开运宝石、喜欢的场所、职业、最理想的旅居国……他们照着书上的指示,制作"我们这类人""该有"的行动小档案,亦步亦趋地过着星座指导下的生活。

在与受访者的交谈中我们也发现,星座知识常被运用到日常生活中,有的受访者会用星座描述的性格来观察人,有的受

---

① 麻衣如雪.你的幸福与什么有关[EB/OL].(2014-08-15)[2018-10-22]. http://astro.fashion.qq.com/a/20140815/016999.htm.

访者还会因为学到的星座知识改变生活中的某些行为。

一、冥冥中注定

出生时的星象位置并不会对一个人的个性产生什么魔法效应。然而，就有这么一些人，他们遵循着星座的教导，竟然真的就变成了具有某种星座特质的人。

1. 星座定性了"我"

很多青年原本对自己是什么样的人还不能清晰地认定，现在星座帮他认定，还说得相当详细，从衣食住行到宏图大业皆有了准谱，人生原本空白的一张纸，顷刻间就山水满卷、明晰可见。天秤座了解到自己追求浪漫，从此想着法子制造惊喜；射手座了解了自己热爱自由，于是更加不屑于各种条条框框规范限制；处女座发现自己苛刻是有原因的，是星座要求自己追求完美……星座迷发现一项描述准确，自然会希望其他方面也与星座一一符合，稍有不符，也会从日常生活中挑出个事来，专门证明给自己看——我真的就是这个星座的，说得一点都没错。

出于平均分配的目的，每一个星座会集中反映人的某一个性格，同时兼顾几个方面。主体性格一定要鲜明，例如活泼、沉闷、犹豫、保守，还要显得言之凿凿。当一个人忽然看到自己被划入了其中一个性格阵营，会不自觉地努力往上靠拢。原来一切都早已是冥冥中注定，难怪如何努力也不能改变。例如：

> 某星座的人都很xxxx。
> 非常yyyy的某星座。
> 某星座是最zzzz的。

这几句话其实有心理暗示作用在里面，当小A发现自己是某星座后，小A对自己的心理暗示是：

> 我这类人都很xxxx。
> 非常yyyy的我。
> 我是最zzzz的。

于是，谎话重复一千遍，成了真话。当一定数量的某星座的人都被心理暗示，产生了xxxx，yyyy，zzzz这样的特征时，xxxx，yyyy，zzzz实际上就成了某星座的共性。

2. 角色期望与角色扮演

不同星座的人被星座文化贴上了不同的标签，他们会不自觉地向标签的方向靠拢，向标签所指的方向发展。青年通过这些标签了解到自己应该具有相应星座的特征，即明确了角色期望，并在这种角色期望下完成角色扮演。当产生角色冲突时，即实际的特征与星座所期望的特征不一致时，则会暗示自己向星座所期望的角色靠拢。大学生为了在发扬个性和与群体保持一致中寻找平衡点，也会向这些标签的角色期望靠拢，产生"无意识的，不自主的屈从"。

著名心理学家埃森克和英国的占星大师梅奥曾经做过一个有趣的实验，他要求2 000个学生提供出生日期，并且参与填写人格调查表。结果显示，这些人填写的性格和各自的星座预测性格十分相似。经过分析得知，许多研究结果只在具备星相学知识的被试者身上出现，一旦被试者得知实验与星相学有关，了解星座知识的他们就会以一种和自己的星座相一致的偏向对题目进行反应，而对星座不了解的人，他们的认知性格就和星座不相关了。也就是说，对于相信星座的人来说，星座是准的，因为这些人熟记星座特点，渐渐影响了自己的行为模式，这样直接导致的结果就是有选择地做出行为。例如，巨蟹座的人被认为是温柔体贴的,事实上,每个人都有温和细心关心人的时候,但一个相信星相学的巨蟹座的人可能会过分关注这种时刻。这一过程既逐步强化了他温柔体贴的自我概念,也增强了他对星相学的信任。现实生活中,那些对占星十分了解的人,会在不知不觉中变成他们所在星座描述的"应该成为"的人。

来自他者的目光也有"塑形"的力量——人们会不自觉地向着别人期待的方向发展。在日常生活的交往之中,他人对自己的评价是非常重要的,许多人是从他人的评价、议论和描述中了解"自我"的,这其中包括了认知、暗示、行为和强化等一系列心理内容。身份是一个形成的过程。① 在星座文化中,群体会对某个个体产生影响,个体会不自觉地接受群体传递来的心理暗示,这种暗示很有可能导致个体在行动时按照群体的期待或心理去做,这样一来,个体崇尚星座的行为便更加融入了崇尚星座的群体的行为,最后达到"角色扮演"的效果。

二、"万无一失"的行动指南

对于星座迷来说,星座的分析不是建议,而是能确保成功的"行动指南":交友要看星座分析、出门之前要看星座运程、在必须做出某些决定时要看"星座预测",甚至做重要事情时也要通过星座挑选良辰吉日。在学生中,不少人把恋爱、学业、求职等与星座运程联系起来,恋爱失意、考试失利、求职不成常被他们归因于"星座预测我这段时间水逆"。难怪有人说,现在的"新一代"快变成"星一代"了。

心理学家罗森塔尔在一个实验中随机抽取了某个班上的一些学生,并告知老师、学生和家长,这部分孩子的智力超常,

---

① 梅尔基奥尔-博奈. 镜像的历史[M]. 周行, 译. 桂林: 广西师范大学出版社, 2005.

结果一段时间之后,这些学生的成绩"名副其实"地优秀了。"应验"通常是这样一个过程:随意浏览;对其详细又具体的预测印象深刻;开始关注身边所有可能发生此类应验事件的小苗头,一旦发生与预测同类的事件,即使程度落差巨大,也立刻欣喜,以作为应验象征。

星座预报的内容包罗万象,包含了你这个月是否想吃冰激凌,下个月是否可能生病,明年是否有可能谈恋爱,后年是不是仕途坦荡。可实际上,类似的事情几乎每天都在发生——如果头疼可以算作生病;街上的异性对你微笑可以算为恋爱;加工资算作仕途坦荡。这类事件我们大多忽略不计,但当它以标签的形式提出来时,我们便会找到与之相关的蛛丝马迹。星座预报的最大作用,就是带领我们把生活重新梳理一遍,并且醒目地一一标注。

期待的东西会变成现实。星座解释只在信星座的人身上发挥作用,在不信的人身上则不发挥——是"相信"规训了你的性格,而不是出生日期即星座规训了你的性格。

三、行为合理化的"星"依据

星座迷把"星座"的预测与自己的理想相结合,用这些说法为自己的行为找到一个合理化的依据,尤其是对于那些追求一些目标却又信心不足的人来说,"星座预测"给了他们一种精神和心理上的支撑和行为依据,补充了"正能量"。

但当某种愿望不能得到满足或者某件事情没有成功时,绝大多数人会自觉不自觉地用某些"合理的理由"为自己的失败或无能进行辩解,以求得心理的平衡。此时,星座就发挥了很大的作用。比如,以"星座情缘说"作为判断爱情成败与否的原因:在恋爱过程中,当发现自己与恋人的星座相配时心中会增加动力;当自己与恋人发生矛盾甚至分开时,往往也会归咎于星座不配。这就是一种归因偏差,即将原因归于外在的、自己不可改变的"命运之说"。

星座的解释是在道德评判体系之外的。星座解说会告诉你，你们不和并非因为你们性格不合，而是因为星相不合，并且举出各项指标来证明你和他或她之间的关系确实先天不足，后天无缘。这让你觉得你不喜欢这个人实在是太天经地义，她是那个星座，我是这个星座，天性就是互相抵触。于是一个庞大的星座人际体系从此产生：与你合适的是一些人，与你不合适的是另一些人。并且，很多时候找借口并非为了说服他人，而是为了说服自己，让自己舒坦。每个人都愿意给自己特殊的行为寻找一个合理的借口，任何有可能让自己看起来不谦虚、不诚恳、不优雅的行为，都可以用星座做解释。

有些星座迷还爱将各种没有联系的事（特别是不好的事）用一些所谓的定律总结起来，而星座正好为这些解释提供了借口。我们每人都有一些心理关隘，有时候一登上讲台就结结巴巴，有时候一参加考试就水准失常，有时候关键人物一在场就怎么也没办法正常表现，这时候，有个声音恰如其分地告诉我们：这不是我们的错，而是冥冥之中早已注定。这样，我们就可以把那些糟糕的表现归咎于星座，而不再考虑自己的问题。有了"运程"的说法，青年在遇到挫折或遭遇失败的时候就可以为自己找到借口，这会导致他们逃避责任、不敢面对困难。

本章小结

古老星座的组合变化多端，现代星座文化蕴含丰富有趣的信息，奠定了星座文化的魅力，容易吸引追求时尚的青年人，使其沉溺其中。特别是面对现实和未来发展诸多不确定性时，青年对投己所好的各类星座文化产品自然更是青睐有加。对于绝大多数青少年来说，热衷于星座文化并不是为了钻研占星术，而是出于对带有娱乐性的生活信息的喜爱、对心理抚慰的需求。星座文化宣扬的内容涉及人的性格、婚姻、交友、职业、财富、健康等方面的预测性知识，用一些概括性强、模棱两可的语言做出的普适性描述，充分肯定与善意鼓励的劝诫与忠告，像一碗碗充满养分的心灵鸡汤，能一次次地抚慰现代青年人焦虑的心灵。在笔者所做的访谈中，就不止一次听到这样的心声——"我喜欢看星座，并不是因为我有多信它，而是因为我喜欢看那些鼓励人心的句子，让我觉得未来有希望。"

诚然，如果只是把星座看作消遣、娱乐，满足心理上的放松需求，不唯命是从，做出的行为还能相对理性。但如果星座完全引导青年的行为，青年也奉星座为人生助手甚至导师，这就接近于迷信的状态，或者说是一种亚迷信。青年如果一味生活在星座所描述的世界中，亦步亦趋地按照"星座运程""星座配对"来安排自己的生活，选择自己的人生道路，只可能更加看不清未来的方向，甚至迷失自我。

网络空间里的各种星座文化反映了现代社会年轻人自我认同和社会交往的需求,这种自我认同和社会交往是以星座的"非现代"方式展开的,在星座交往的背后是不同性别、阶层和文化身份差异乃至冲突关系的体现。

星座的身份政治

认识你自己

卡西尔在他的《人论》开篇写道:"认识自我乃是哲学探究的最高目标——这看来是众所公认的。在各种不同哲学流派之间的一切论争中,这个目标始终未被改变和动摇过。它已经被证明是阿基米德点,是一切思潮牢固而不可动摇的中心……为了欢享真正的自由,我们就必须努力打破把我们与外部世界联结起来的锁链。蒙田写道:'世界上最重要的事情就是认识自我。'"①

每个人都想完完全全地了解自我,但认识自我也是世界上极为困难的事情之一,因为自我并不是一个固定的东西,它一直在变化。按照美国早期传播学家米德的观念:"自我具有一种不同于生理学有机体本身的特征,自我是逐步发展的,它并非与生俱来,而是在社会经验与活动的过程中产生的,即是作为个体与那整个过程的关系及与该过程中其他个体的关系的结果发展起来的。"②

在古代西方,占星师认为个人的性格对应着大千宇宙、日月星辰,今天网络空间里的占星文化依然如此,在国内著名占星师玛法达的豆瓣小组的主页上就写着:"占星解决不了任何问题,占星师同样改变不了你的命运。占星只是让你了解自己,让每个人了解自己的渺小,让每个人多行善事,少做坏事而已,仅此。"③ 占星只是让自己了解自己。在占星文化中,每个人的性格对应着十二星座中的某个星座:一个狮子座的人

---

① 卡西尔. 人论:人类文化哲学导引 [M]. 甘阳,译. 上海:上海译文出版社,2013:3.
② 米德. 心灵、自我与社会 [M] // 张国良. 20世纪传播学经典文本. 上海:复旦大学出版社,2005:164-165.
③ 来源于豆瓣小组,https://www.douban.com/group/128828/.

往往自信自强，果断独断，具有统治力；一个射手座的人，生性乐观开朗，热情奔放，崇尚自由，反应灵敏，具有创造力；一个处女座的人往往谦虚保守，考虑问题十分周到。每个人都有对应的星座，也就有对应的性格。在网络空间里，星座文化的一个最重要方面是为正处于成长期、对自身还不够了解的年轻人提供关于自我的认知——自身的性格优点和缺陷，从而让年轻人能够更好地"认识自我"，能够在日常生活中与亲戚、朋友或上司更好地进行沟通交流。当然，星座文化在为年轻人提供相关的"自我"知识之时，是通过星座预设了自我的某种性格特征。而占星师经常就用星座来解读生活中的一些事件或者现象，星座迷也经常拿星座比照自己的性格。

例如在新浪的星座论坛上有一个《巨蟹女爱上摩羯男，我该怎么办呢？》的故事，故事的女主人公自称是典型的巨蟹女，男主人公是典型的摩羯男，二人经过舍友介绍认识后逐渐成为恋人。巨蟹女详细记录了摩羯男对她体贴入微，让她从敷衍变得走心的过程。但距离是横亘在他们面前的难题："我在广东读书，而他在北方工作。"因为这个原因，他们的联系也是时断时续。而在故事结尾，这位巨蟹女刚刚搞定工作，又开始思念那位摩羯男，她希望这一次不再有所顾虑，"跟自己的心走"，却又不知道"自己该怎么做了"。在自述的末尾，她请教网络里的星座控前辈，向他们寻求建议。星座文化对巨蟹座的一般介绍如下：巨蟹座的人，亲切有礼，感情丰富、细腻，有很强的感受力，具有母性的博爱之心，属于居家派的。但情绪起伏较大，有逃避倾向。看来，这位女生是有巨蟹座的性格，感情比较丰富细腻，但瞻前顾后情绪有起伏，虽然十分喜欢摩羯男，但还是犹豫不决，迟迟做不了决断。而在网络空间里，广大星座迷也通过留言、跟帖等方式发表他们的看法：

发帖者 flyeen：巨蟹女和摩羯男其实是挺配的一对，我跟我的先生就是这样的组合。蟹蟹的温暖、细致、安静与温柔可以暖化摩羯的冷漠，让他不可自拔、死心塌地地跟随着你；而摩羯的稳定深沉也可以给蟹蟹带来安全感。但其实，摩羯的不善表达也会给敏感的蟹蟹带来不经意的伤害。如果喜欢，请蟹女努力变得开朗阳光一些，同时让自己快速成长、独立起来。

发帖者 wqq527：我也是典型的蟹女，他也是典型的摩羯男。我们是相亲认识的，我们之间话题很少，他说话有时候好果断的，搞得我都不知道怎么接话，有时候他在修东西，我问问题，他会很无语似的不回答我，这让我很不爽（我问的不是弱智问题）。但在一起感觉就是很舒服。之前相亲过很多次，可没继续走下去的，他却让我有种想跟他结婚的感觉。不知道他是怎么想的，我们现在也只是朋友关系。基于巨蟹的内向，我总是有种敌不动我不动的感觉，烦死自己了，但又不敢主动，纠结……

发帖者姓林的老猫：认识的有一对巨蟹、摩羯刚分手，巨蟹女死乞白赖地挽回摩羯，跪地哭得梨花带雨，最后还是分了。

发帖者幻影冰月：觉得男生很讨厌这种死赖着不走的，就算当时心软没分，也会在以后的相处时间里找机会分，自己自觉走了，以后还有可能当朋友，对自己也好。刚刚才看了一篇很旧的帖子，觉得巨蟹、摩羯并不像书上说的那样完全合拍，还是有蛮多地雷的，是一开始很契合，之后可能很惨的组合，看能不能跨过去啰。

发帖者幻影冰月：感觉这摩羯对你没意思，就普通朋友或者以后有可能的事业伙伴。就算有意思也会被他自己的理性扼杀，觉得没发展没将来。摩羯要是对你有意思会追得很热情的。摩羯有点欠打，如果反过来倒追摩羯，以后很可能常会被拿这说事，说什么不了解男生的个性，希望通过努力得到的才有价值云云。女孩子别为了男孩子放弃事业，除非要结婚了，之前看到过蛮多很惨的例子。

（有删改）

　　热心的星座迷结合种种实际事例，分析巨蟹座和摩羯座各自的性格和恋爱心理，并为这位巨蟹女支招。跟帖评论的flyeen以自己的案例，强调巨蟹和摩羯是十分适合的一对。而wqq527同样以自己的经验分析巨蟹座和摩羯座的性格特征，强调巨蟹座的性格是内向的，犹豫不决的。但是另外一位幻影冰月指出，巨蟹座和摩羯座并非"像书上说的那样完全合拍"，她劝诫这位巨蟹女，依照摩羯的一般性格，这位摩羯男可能对她没有意思，他难有将来。

　　每个人都对应着某个星座，但并不是每个人的性格都与星座所说的性格完全吻合。而在这种情况下，星座文化其实给那些相信及还没有完全相信星座的人以暗示，你天生具有某种性格，你应该有勇气去做某事。例如你是个狮子座，按照星座上来说，你应该是个十分自信、做事果敢的人。但假如日常生活中你是一个优柔寡断的人，面对事情你经常表现得犹豫不决，比如当你喜欢一个人却不敢主动地去开口时，星座就会告诉或暗示你，你是个狮子座，你应该自信自强，勇敢果断。如果你喜欢哪个女孩，就应该大胆地向她示意，而不应该犹豫不决，星座通过鼓励采取行动甚至促使行动的产生，加强对狮子座行动力强的印象。

每个人的人生都会经历出生、成长和死亡几个阶段，人们常常把这几个阶段划为童年、少年、青年、中年和老年等阶段，尽管这是一个连续过程，不同阶段的区分还是很明显的。在这几个阶段中，青年期是一个比较重要的阶段，迈克尔·布雷克说："青春期和成年早期，是一个重新塑造其价值观念、思想意识和探索自我与世界关系的阶段，因而是再次社会化的重要源泉。青年人可以在他们直接的阶级形势中探索已获得的和正在追求的认同形式的差别。"[1] 在这个时候，星座文化特别容易为年轻人所接受，正是因为在这个阶段里，青年人的性格还没有稳定，心理容易发生变动。而星座文化能让处于青春迷茫期的年轻人，更明确自己的性格特征，由此成为他们的生活指南，帮助年轻人更好地"认识自我"，而这样的前提是按照星座来重新认识自己，或者根据星座调整他们的性格。

反过来，按照符号人类学家卡西尔的说法："巫术也应该被看成是人类意识发展中的一个重要步骤。对巫术的信仰是人的觉醒中的自我信赖的最早最鲜明的表现之一。在这里，它不再感到自己是听凭自然力量或超自然力量的摆布了。他开始发挥自己的作用，开始成为自然场景中的一个活动者。每一种巫术的活动都是建立在这种信念上的，自然界的作用在很大程度上依赖于人的行为。自然的生命依赖于人类与超人力量的恰当分布与合作。严格而复杂的仪式调节着这种合作。每一个特殊领域都有它自己的巫术规则。"[2] 巫术并非只有远古时期才有，它存在于人类发展的任何时期，而且在任何领域都有存在形形色色的巫术活动。从这个意义上来说，许多年轻人之所以热衷

---

[1] 迈克尔·布雷克. 越轨青年文化比较 [M]. 岳西宽，张谦，刘淑敏，译. 北京：北京理工大学出版社，1989：32-33.
[2] 卡西尔. 人论：人类文化哲学导引 [M]. 甘阳，译. 上海：上海译文出版社，2013：156.

于星座说和占星之术，其实也是借助于星座，来发挥"自己的作用"。譬如前面我们说的，当一个女孩喜欢某个男孩时，她可能会去查自己的星座和对方的星座，当星座上说这两个人的星座是完全吻合的、适合在一起时，女孩可能就会借助于星座所言，来加强她的意志，促使她采取某种行动，直到最后获得成功。看上去这契合了"两个星座相吻合"的定律，其实是由当事人的意志和行动在起决定性作用。只不过，星座成为促使其行动发生的一个重要借口和动力。

当然，星座也告诉人们，星座性格常常决定了你的事业、爱情和人生命运。例如《南方都市报》记者曾经收集了国内32位顶级房地产企业的"掌门人"的星座资料（图4-1），其

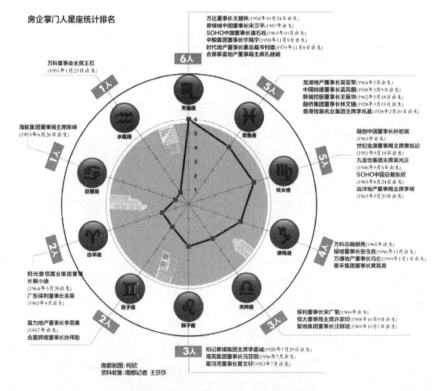

图4-1 房企"掌门人"星座统计排名

中天蝎座的"掌门人"最多,包括万达的董事长王健林,绿城的董事长宋平,搜狐的董事长潘石屹,中粮的董事长高宁,时代地产的董事长岑钊雄,合景泰富的地产董事局主席孔健岷。其次,则是双鱼座和处女座。

这个调查从星座所透露出的性格角度,分析了为何房地产企业"掌门人"多是由天蝎座的人担任:

> 出生于10月24日至11月22日的天蝎座最终荣登榜首,这并不算意料之外,星相学家一早就认同天蝎座在世界重要人物中占有"之最"地位的事实。实际上,常被人认为"珍爱生命,远离天蝎"的天蝎座是一个十分有个性的星座,不仅仅是房地产行业,各行各业都不乏领军人物,比如微软创始人比尔·盖茨、腾讯董事局主席马化腾、百度CEO李彦宏等。
>
> 星座学对此的解释是,天蝎座有着坚不可摧的毅力、强烈的意念和不能受制于人的心态。对外界偶尔的傲慢冷淡无形中竟然成了老板们的保护伞!星座爱好者Cering认为,天蝎座以一定要完成目标的心态、强大的执行力及严格的态度,渴望获得成功,这也是该星座聚集了众多领袖人物的原因。①

该调查还指出,双鱼座与处女座均有5人,仅次于天蝎座,这也是源自这两个星座的各自特点。双鱼座情商很高,有着超强的感染和拉拢人心的能力。而处女座则追求完美,做事善始善终,执行力较强,能够很快做出反应。这是他们与天蝎座一

---

① 王莎莎. 起底32房企董事长星座 王健林为首的天蝎座完胜[EB/OL]. (2014-08-06)[2018-10-23]. http://house.china.com.cn/home/view/742783.htm.

样，容易成为老板的主要原因。不过，我们在前面也提到，在当代社会，星座文化更多的是作为一种娱乐文化存在，对于星座，各种各样的报道也都带有一些娱乐性质，例如这篇调查在最后就指出："最后有必要提醒大家一下，虽然'不知命无以为君子'，星座学等的性格分析固然存在一定的道理，但也绝不是一语定终身的金科玉律。且当我们娱乐一把，供看官一乐。"①

当然，如果星座的性格与实际不符合，星座迷依然有自己的说法，例如在网络上，有一位女性星座迷焦虑地问其他星座迷：怎么对付双子座的男朋友？星座对双子座的描述一般是情绪起伏多变，常有三心二意的倾向。而为她支招的星座迷则一方面分析了双子座的性格特点，另一方面也强调，无论双子座是什么性格，要很好地驾驭双子座，关键还在于自己。例如，有位星座迷就以自己切身的经验告诉那位焦虑的询问者，要改变双子座三心二意的性格，有一个办法就是让他有真爱；而另一位星座迷则说："有没有听过，越怕失去，就越容易失去。"这就指出了患得患失才是男女相处的弊病，"怕失去"是对自我缺乏信心，如果对自我有信心，那么双子座是不是三心二意也没有关系了。这位星座控不经意间倒说明了，星座的性格在交往中是次要的，更主要的还是行动者自己的主观意愿。

交流的渴望

人是社会性动物，在现代社会中，交流对于每个人来说都相当重要，个人的价值往往在交流与"互见"中才得以体现。著名传播学者彼德斯在其《交流的无奈：传播思想史》中考察

---

① 王莎莎. 起底 32 房企董事长星座　王健林为首的天蝎座完胜[EB/OL]. (2014-08-06)[2018-10-23]. http://house.china.com.cn/home/view/742783.htm.

了交流在人类历史上的重要性,他特别强调了交流在现代社会中的重要价值。

> "交流"(communication)是典型的20世纪观念之一。它对我们反思民主、博爱和变迁的时代,至关重要。我们时代的一些主要困境,包括公共的和个人的困境,必须求助于交流,否则就找不到解决办法……
>
> "交流"是现代人诸多渴望的记录簿。它召唤的是一个理想的乌托邦。在乌托邦里,没有被误解的东西,人人敞开心扉,说话无拘无束。看不见的东西,渴望愈加迫切;我们渴望交流,这说明,我们痛感社会关系缺失。我们如何陷入这个关口,怎么会在说话时带着伤感之情呢?……只有当代人才会在面对面时担心如何"交流"的问题,仿佛他们之间相距千里之遥。"交流"是盘根错节的思想文化问题,它把时代的种种自我冲突编进了自己的代码之中。弄清交流有重大的意义,我们可以得到一个明显的答案,以便解决我与他、秘密与公共、内心思想与外在词语的分裂所引起的痛苦。①

彼德斯指出在现代社会中"交流"的重要性:每个人都渴望与他人无拘无束地进行交流,但是人与人之间的没有任何障碍的交流又是何其困难。特别是对于处于成长期的青年人来说,他们更希望通过交流来了解自我和他人,与他人建立良好的友谊和感情。现代社会中,人与人之间的交流方式比古代更

---

① 彼德斯.交流的无奈:传播思想史[M].何道宽,译.北京:华夏出版社,2003:1-2.

加多样化,以现代通信技术为支撑的QQ、微博、微信等交流方式极大地拓宽了青年交流的渠道和覆盖面,人际关系得以发展和保持。保罗·莱文森就将社交看成是博客、脸谱网、聚友网等"新新媒介"的固有属性:"新新媒介的固有属性是社交。实际上,无论博客网的读者和论者、维基网的读者和编者抑或是脸谱网上活跃的小组,都具有社交的因素。对新新媒介而言,社交因素不仅是必不可少的,而且提供了人的活力,使新新媒介能正常运行。"①

同样,新媒体上的"星座"不仅是年轻人认识自我的重要途径,也是年轻人之间进行沟通交流的重要媒介和工具。如果两个年轻人都爱好星座,他们的共同话题自然会拉近彼此的距离,促进相互了解;而如果一个人是星座迷,另外一个人不是甚至讨厌星座,他们很可能要花一段时间做"知识普及"和"观念同化"。有一位资深星座迷青年,以自己的亲身实例,说明星座是打开封闭心灵的一扇窗户,透过这扇窗户,他迅速地和陌生的朋友结识,甚至由此成为好朋友。

> 我大概是在20世纪末开始关注星座的,当时中国还没有星座热,网络平台也不像现在这么发达。星座迷最初开始关注星座的动机是什么呢?我问过很多人,基本说法就是为了研究分析自己和他人的内心。我本人开始精研星座,是认识了好友小诺以后,光是看什么玛法达星座运势,或是太阳星座粗解之类,已经不能满足我们的需求了。我们装了一个占星软件,给认识的朋友、熟人看星盘,然后对比实情,做成个案,存档研究。每每发现相同的相位投射在真人身上

---

① 莱文森. 新新媒介[M]. 何道宽,译. 上海:复旦大学出版社,2011:4.

会有类似的现象，我们就会为星座的某种神秘又超验的魔力而感到非常兴奋。

渐渐地，星座已经成为我的一个惯用而且好用的交际方式，简直比谈文学效果还好。它以漫不经心的平易方式，"曲径通幽"，抄小道进入他人内心。比如初识一个人，在进入关系的预热期时，如果直接发问"你的感情状态如何，和某某相处怎么样"，未免显得鲁莽生硬，也容易激起他人的戒备心。但如果你说"你有一个火海相位哦，这个相位可是桃花多多啊"，把注意力转移到对客体的讨论上，对方打开心扉就容易多了。

……

速写一下星座迷的交际场景——有次我和小麦喝咖啡。

"我要冰咖啡。"

"算了，还是不冰的。"

"有点冰，但不要太冰。"

"要不我喝红茶算了。"

领班被小麦叫来叫去多次，最后拿眼飞斜我们。

我说："小麦，你是什么星座？"

"双鱼座，AB血。"

"哦，难怪，双鱼的两条鱼，很难往一个方向游的。"

好端端的聚会，不经意间，一个拐弯，就窜到星座的小巷里去了。

再后来养成习惯，连看作家作品都会下意识地查星座。嗯，风象星座普遍语言机能发达，善于虚构文体，所以小说家最密集，尤其是双子座和天秤座，比如萨特、贝娄、福克纳、卡尔维诺、麦克尤恩等；水象星座直觉最好，如天蝎座评论家都很犀利，处女座逻辑思辨这块很强，比如博尔赫斯、柯塔萨尔、克里斯蒂；摩羯座耐力好，擅精研，做学问和写长篇都很厉害，比如村上春树、沈从文、梁实秋诸君。

甚至连讨论作家关系、作家夫妻相处之道，总之，一切涉及人本之地，都可引进星座理论分析。比如，鲁迅和周作人因何交恶？一个是群星天秤一个是群星摩羯啊，正好是刑相位嘛，星盘上杀得一片通红。那村上春树为啥每次长跑回家，进门之前都要擦汗整衣？这很简单，他老婆村上阳子是个天秤，天秤都是外貌协会的嘛。

只要有人的地方，都可沿用星座原理。我闺蜜米拉有次让我帮她招工，以处女座、摩羯座、天蝎座优先，双子座、射手座通通淘汰，基层岗位双鱼座可以用。她在长期的用工过程中，觉得土象星座非常踏实，而双子座特别多是非，射手座有野心，都不适合做下属。但又有一个朋友，要求团队合作精神，天蝎座、处女座通通不要，因前者太自我，后者太龟毛，很难相处。

星座还有情绪排毒兼卸责之功用。比如我女友在拉斯维加斯旅行丢了护照，护照明明包进小袋子里贴身藏着的呀，回忆起来自己可是一点行为过失都没有，算了，肯定是那段时间水星逆行造成的失财！这个责任推给天上星星以后，她顿觉良心大安，一阵轻松。

千万别以为研究星座的人都是无知妇孺，我周围的星座狂人，有相当一部分是高知，博学多才，持唯物论行事，头脑清楚，条理分明，在专业领域还术业有专攻。而且,她们研究星座,都是以科学的方法、认真的态度,缜密地行事。更有朋友干脆奉上学费,牺牲了休息日,到星座学校去专程学习。看她的微博,我笑得半死。如今这星座学都电子化教学了,老师在课堂上对着PPT指指点点,同学们频频点头。

我觉得星座的正面意义,是对人类心理的辅助摸索方式和对超验事物的尊敬;但星座的负面效应则在于,它很容易和其他迷信一样,被偷换成一种算命方式,继而沦为心理暗示。这是我很排斥的星座功用。凡是要求批流年,看运势,合盘看婚恋取向,甚至宫位,判断生儿还是生女的,我通通不理。①

(有删改)

这位网民用一些生动的故事讲述星座如何成为他"一个惯用而且好用的交际方式",在他眼里,与朋友谈星座比"谈文学效果还好",文学可以说是报纸、杂志和书信时代交友的重要方式,但在他看来,星座已经取代文学成为更好用的交际方式。通过星座,他能够很快地博取人的信任,"抄小道进入他人内心",星座能很快成为朋友之间的交流和沟通的联结纽带,让那些对星座有共同兴趣的青年人找到共同语言。正如前文所述,在新浪、腾讯等门户网站上,有许多各种类型的"星座俱乐部",热爱星座的朋友们在"星座俱乐部"里面"会面"、沟通和交流。比如新浪的星座论坛,为每个星座设立了自己专属的"俱乐部",星座迷们在各自的"星座俱乐部"里聚集,热火朝天地分享星座生活的方方面面,并结成同盟。

---

① 黎戈. 星座迷[EB/OL].(2014-02-25)[2018-10-24]. https://www.douban.com/group/topic/49470812/.

星座成为年轻人了解自我、结识朋友和学会生活的重要参照物，像阿尔都塞所说的那样，星座召唤了"自我"，让一个人的主体意识得以确立，但是另一方面，星座又容易让人"迷失自我"，这点在年轻人身上显得更为明显，许多年轻人在还没有和另外一个人有过深度接触的时候，就单凭星座相冲这一点，在心里预设了与其交往不顺的情况。事实上，星座的性格并不是每个个体的全部性格，每个人性格的形成与成长的环境有关，因为星座而产生的"先入为主"很容易让人失去很多了解他人的可能性。就像网友分享的故事一样，如果所有的事情都沿用"星座原理"，招工不以个人能力优先而是以处女座、摩羯座、天蝎座优先，而双子座、射手座通通淘汰，这就十分武断离谱，星座反而让人失去了自我判断能力。而在星座的恋爱故事中，像这样的情况也不少，明明两个人在一起比较合适，但是因为星座不符合，反而渐生裂隙；明明两个人性格互不符合，但是因为星座相配，其中一个人又心甘情愿地忍受另一个人的种种缺陷。

其实，形形色色的"星座故事"，反映的是当代年轻人对于现代生活的不安全感和自我的不信任感，这种困惑是一种典型的现代性困惑。吉登斯就说，现代社会是一个缺乏信任的风险社会，"生活在高度现代性世界里，便是生活在一种机遇与风险的世界中"①。虽然吉登斯认为现代社会中命运和命运定向的观念消失了，但是其实人们还是希望能借助一种神秘的力量把握自己的命运。这种情况下，星座成了他们辅助自我判断的依据。

而许多现代占星师的星座话题内核就是教会人与人沟通，例如香港的占星师 Jupiter 在讨论 2014 年 9 月 1 日星座运势时

---

① 吉登斯. 现代性与自我认同：现代晚期的自我与社会 [M]. 赵旭东，方文，译. 北京：生活·读书·新知三联书店，1998：125.

就这样写道:"水星最后一天在处女座,明天便会进入天秤座。对于处女座相关的事项,像工作、健康、日常生活模式,都有一种迫切性要我们去思考、计划,如何让工作更有效率、如何提升自己的健康,改掉坏生活习惯?而当水星进入天秤座后,会比较注重跟别人的沟通联系,更懂得从别人的立场思考,平衡彼此的意愿,有助于讨论、谈判、各式互动。"① 又如她在2014年9月2日发表的微博,依然强调沟通需要技巧,"早两天说到星象欠缺风元素,而今天水星进入风象的天秤座了,仿佛可以带来更多的沟通机会,思考社交也可以活跃一点,可是,刚好水星又处于无相位,就像很多话要说,很努力地去表达,又很想跟别人联系,但别人又好像接收不到或有所误会,这种情况要忍受多一两天,实在考验耐性和沟通技巧"②。其实,她只是道出了现代人普遍的烦恼——交流的无奈。她把这个核心问题抛出,用大而化之的语言辅助讲解,鼓励青年多尝试沟通交流,仿佛所存在的问题都能迎刃而解。

星座的身份政治学

网络空间里的各种星座文化反映了现代社会年轻人自我认同和社会交往的需求,颇有意味的是,这种自我认同和社会交往是以星座这样一种"非现代"的方式开展,同时,形形色色的星座故事也体现了不同性别、阶层和文化之间的身份差异及冲突。前面我们已经提到,星座迷其实存在"性别差异",女性是星座文化的主要信徒和传播者,很多女性对星座文化持积

---

① 占星师Jupiter. 水星最后一天在处女座[EB/OL].(2014-09-01)[2018-10-25].http://blog.sina.com.cn/s/blog_632ee93e0102v5tz.html.

② 占星师Jupiter. 水星无相位[EB/OL].(2014-09-02)[2018-10-25].http://weibo.com/p/1001603750314313387764.

极的、肯定的态度。她们中的大部分人倾向于看完星座读物后与家人、朋友讨论，以此作为互相沟通时的谈资。

一方面，这与女性感情细腻、向往理想中的浪漫爱情、更相信缘分有关。星座知识的应用之一就是帮助一个人了解与之有缘（相配）星座的情况，以及为什么它们之间会匹配，这正迎合女性的缘分情结；另一方面，这其实也是父权制社会中女性附属地位的表现——依附于男权社会的女性对于生活更有一种不安全感，在此情况之下，她们更容易把精神寄托于"神话"，星座为她们提供天注定的浪漫爱情和美好生活的幻想。

在许多星座故事里，许多青年女性星座迷正是通过幻想或怀旧来建构现实世界所不可能实现的"白日梦"，在这些幻想故事中，女性的爱情世界总有一个体贴温柔、心有灵犀的白马王子。这种正面的想象帮助她们更好地依附于男性。但还有一些星座故事则讲述了感情受挫的经历，在这些故事中，女性往往是受害者，她们被无情的男性抛弃，这些故事也是她们在男性霸权的世界里一种无力的诉说。例如一篇关于女性的星座故事《水瓶男拿非处女羞辱我》就很好地说明了星座之外的现实生活中女性和男性不平等的性别身份。这篇星座故事中的女青年在校内网上遇到了一位她很欣赏的水瓶座男孩：

> 他进来我的主页说，"HI，原来是校友"，由此拉开了帷幕。那时我们就开始在校内网上聊天，他很能开导人。在校内网里，他给我的感觉就是一个很幽默、很成熟、很有智慧的一个人（其实我感觉失误，他完全比我还孩子气），我和他聊天很开心。我每天都会上网看下他是否给我留言，后来我就跟他要了QQ方便聊天。在聊QQ的时候我才知道他还没谈过恋爱，而我已不是处女。我不知道如何告诉他，想着

他可能也会明白吧,这实在是一大失误!①

(有删改)

女主人公带着甜蜜的忧伤回忆他们初识的过程,不过,她特别强调"他还没谈过恋爱,而我已不是处女"。在这位女生看来,这点就是导致他们分手的根源,因为水瓶座男生始终耿耿于怀她"是否处女"。在她被灌输的观念里,如果她是处女,那么水瓶座男孩一定会和她愉快地交往下去,但她不是,这让本来完美的浪漫爱情受到了致命一击。但是谁规定处女和拥有美好恋情有必然联系呢?"处女情结"的背后正是赤裸裸的男性文化霸权——希望女性的身体完全从属于自己,而女性一旦不是处女,这便是对男性霸权世界的威胁。同时,男女恋爱中无论是发生什么样的事情,所有的责任得由女性来承担,一个没有结婚便不是处女的女孩子往往被认为是一个"坏女孩"。

按照弗洛伊德的精神分析说,女性与男性地位的差距从一开始就确立了,"人的历史就是人被压抑的历史。文化不仅压抑了人的社会生存,还压制了人的生物生存;不仅压制了人的一般方面,还压制了人的本能结构。但这样的压制恰恰是进步的前提"②。文明的历史不仅是压抑人的历史,而且经常被看作一部在父权制统治下,男性压抑女性的历史。在这样的历史中,女性是毫无地位的,她必须依附于男人,在性的权力上也是如此,她必须听命于男人,如果她违反了男性社会的规定,比如没有结婚就有了性行为,那就要遭到谴责,甚至被处以各种刑罚。劳拉·穆尔维也说:"女人的欲望是从属于她作为流血的创

---

① 芷霏.星座真心话:水瓶男拿非处女羞辱我[EB/OL].(2013-08-05)[2018-10-25].http://astro.sina.com.cn/f/2013-08-05/100697286.shtml.

② 马尔库塞.爱欲与文明:对弗洛伊德思想的哲学探讨[M].黄勇,薛民,译.上海:上海译文出版社,2005:7.

伤的承担者的形象,她只能联系着阉割而存在,却不能超越它……因此,女人在父权文化中是作为另一个男性的能指,两者由象征秩序结合在一起,而男人在这一秩序中可以通过强加于沉默的女人形象的控制语言来保持他的幻想和着魔,而女人却依然被束缚在意义的承担者而不是创造者的地位。"①

总之,一直以来,女性是作为男性的附属物而出现的。上面的星座故事说明,即便在号称男女平等、自由恋爱的现代社会,男性霸权依然无处不在,年轻女性对自身的担忧和恐惧其实并没有真正消除。与上面的故事一样,在许多星座故事中,"处女情结"已经作为一种集体无意识存在于每个男性和女性的身上,许多分手故事都由此而引发,而一个有过婚前性行为的现代女性往往也是充满了迷茫、困惑,甚至自责。比如有一位双子女自述她有一个交往多年的异国恋男友,两人虽长时间见不到面,她却牢牢约束自我,"多年来我一直都忌讳跟男人接触"。但是这样的忌讳最终被双子女自己打破,她遇到了一个双子男,在享乐的过程中,双子女十分矛盾,一方面,她既受到本能驱使,另一方面,却又像精神分析学所说的那样,她始终有一种对男友的负罪感。"对于我男友,我欠你的我终归会还,你欠我的,迟早有清算之日。"正是这种负罪感,使得这位双子女虽然和双子男因性生情,沉浸在弗洛伊德所说的"快乐原则"中,但是她最终还是没有和双子男走到一起,而只是将双子男视为情人。

在这个故事里,尽管双子女看起来很前卫、洒脱,可以丝毫不顾双子男的感情,自己做出选择,但她无法和双子男走到一起,还是源自父权制社会中女性根深蒂固的"负罪感",正

---

① 劳拉·穆尔维. 视觉快感与叙事电影[M]//吴琼. 凝视的快感:电影文本的精神分析. 北京:中国人民大学出版社,2005:2.

是这种"负罪感"成了她感情发展的羁绊。而这样传统的观念，即使是再前卫再潮流的星座文化，也无法迅速破除。

许多星座故事之所以讲述爱情悲剧，除了弗洛伊德等人的说法，即人类历史本来就是男性历史，女性始终没有得到与男性平起平坐的地位，还因为社会不同阶层之间的深层差异，不少明星八卦都佐证了这一点，例如凤凰网星座频道上《巨蟹的怀旧情结导致梁洛施的童话破灭》的这篇文章，就用星座详细地分析明星爱情，作者选择梁洛施与李泽楷分手这一当时的热点事件，分析梁洛施的个性和她与李泽楷分手的原因。这篇星座文章指出，梁洛施之所以无法嫁入豪门，根源在于她的"灰姑娘身份"，她和上流阶层出生的李泽楷之间有一道很深的"身份鸿沟"，香港的豪门李家始终不认可她，才导致了她尽管已经为李生了三个小孩，还是不得不与李分手。与男尊女卑的思想一样，即便是在现代社会，"门当户对"的传统思想依旧根深蒂固，只在乎爱情、丝毫不计较现实因素只能在童话中出现——身份地位、社会阶级、学识、贫富差距等这些客观冷酷的现实差别，才是星座无论如何也无法规避的矛盾点。

一位女性依据男友的星座，在网上发出疑问——摩羯选择老婆时，是不是一定要对方有很稳定的工作？在她的叙述中，男友嫌弃她工作不够稳定，希望她尽快换一份工作，还发动自己的父母也帮她找工作，由此他们之间发生了许多不愉快，这令她感到十分不安："是不是我没了稳定工作，他就会抛弃我。他还说我老是提结婚的事，说我这样的工作，以后怎么结婚？"这个女孩把通过星座了解男友性格及想法作为解决之道，但根本问题是她担心没有稳定工作会被抛弃，这是女性在男权社会中无法根除的不安感。而这个星座故事也显示，恋爱和婚姻都并非单纯的男欢女爱，这其中必然会夹杂许多家庭和社会问题，有网民在回复这位双子座女孩时就直接说："都说恋爱是两个人的事情，结婚是两个家族的事情。这件事充分地表明了这一点。你俩的矛盾冲突在于，信息不对等导致的目标与执行不统一。他着急生气的，不在于否定你的能力，而是担心自己父母的努力付诸东流，你与未来婆家会有芥蒂。谁都不愿意被强迫，谁都曾好心办坏事，在我这个外人看来，没对没错。"而在这些星座故事里，家庭条件、教育程度和成长环境的差异导致的矛盾冲突也显现出来，特别是女性在现实生活中的危机感更强，这也是她们更愿意求助星座来解决现实生活中困境的重要原因。

另一些星座文化尝试以搞笑的形式传播，例如新浪星座有这样的搞笑星座图片——十二星座的驭夫之道，以图像的方式传授十二星座女性如何"驾驭"她们的丈夫。"驾驭"这个词凸显了女性的主体地位，男性似乎处于被控制和被支配的地位，但是在 flash 图片下面所配的"杀死小三""保持好身材""满足他""陪他打游戏啦""满足他的幻想""陪他疯"等文字，却更显示了无论是哪一种星座的女性，女性的从属地位和被支配地位并没有改变的现实，因为上述这些词语都是以迎合男性心理、生理需求和欲望为前提，而这些搞笑的星座图片也往往以色情化的女性形象出现，这些形象本身就是为了满足男性的窥视欲望。

当然，星座文化并不强调不同身份之间的直接对抗，而是调和各方矛盾，宣扬一种"折中主义"，它一方面鼓励星座迷认识自我、张扬性格和实现个人梦想，另一方面，它又安抚年轻人接受现实，放弃追求，甚至炮制各式各样的心灵鸡汤，慰藉那些无法实现梦想的脆弱心灵。例如新浪的"星座真心话"有大量这样的故事，特别是在两性关系中，一方很容易给另一方扣上一个某星座"普遍存在"的性格缺陷，以此作为感情破裂的缘由，用星座为他们的失败承担责任。

当今网络空间中流行的占星术,可以说是一种"时尚的巫术",它糅合和改造了东西方传统的占星术,并与心理学、社会学、宗教及现代传播媒介相结合,深刻影响着当代青年的精神世界和价值观。

替代的信仰

万事万物必有联系

今天在网络空间流行的占星术,可以说是一种时尚的现代巫术,它糅合和改造了东西方的传统占星术,并与宗教、哲学、心理学及现代传播媒介相结合,深刻影响着当代青年的精神世界和价值追求。

弗雷泽在他讨论巫术和宗教的名著《金枝》中讨论了巫术的基本原理,在他看来,巫师的原理主要根据两个方面:一是相似律,二是接触律和触染律。"巫师根据第一原则即'相似律'引申出,他能够仅仅通过模仿就实现任何他想做的事;从第二个原则出发,他断定,他能通过一个物体来对一个人施加影响,只要该物体曾被那个人接触过,不论该物体是否为该人身体之一部分。基于相似律的法术叫作'顺势巫术'或'模拟巫术';基于接触律或触染律的法术叫作'接触巫术'"[①]。所谓的"顺势巫术"或"模拟巫术",主要是利用相似性,比如制造一个与敌人相似的偶像,将这个偶像毁坏以达到杀死敌人的目的,弗雷泽介绍了印第安人的一些做法,当一个印第安人企图加害某人时,他就会按照仇人的模样造一个木偶,然后用一根针刺其头部或心脏,他们相信通过这样的方式,仇人身体的相应部位也会立即感到剧痛,他们念咒语并将这个木偶焚烧埋葬,便能达到目的。这种方式在古代中国也很普遍。而"接触巫术"是指两个事物通过接触而产生某种联系,比如你的手里拥有某个人的头发,那你就和这个人有了联系,你可以通过对他的头发实施巫术,从而达到某种目的。在弗雷泽看来,

---

① 弗雷泽. 金枝[M]. 汪培基,徐育新,张泽石,译. 北京:商务印书馆,2012:26.

"模拟巫术"和"接触巫术"之间的区分是相对的,它们都属于"交感巫术"——即都认为"物体通过某种神秘的交感可以远距离地相互作用"①。

当然,无论是在东方,还是在西方,不同的巫术都是由一套复杂的仪式和信仰构成,涂尔干就言,巫术和宗教一样,也有其神话和教义,只不过这些神话和教义相对于宗教而言比较低级、功利。

> 毫无疑问,正因为巫术所追求的是法术和功利等方面的目的,所以它并不把时间浪费在纯粹的思辨方面。巫术也有自己的仪典、祭祀、祭礼、祷告、吟唱和舞蹈。巫师所祈求的存在及其所调动的力量,与宗教所专注的力量和存在不仅性质相同,而且往往是一码事儿。所以,甚至在最低级的社会,死者的灵魂基本上是神圣事物和宗教仪式的对象;而与此同时,它们在巫术中也发挥着相当大的作用。在澳洲和美拉尼西亚,在希腊和基督教诸民族中,死者的灵魂、死者的骨骸和毛发都是巫师最常使用的法物。巫术活动中也常常要用到魔鬼。即使在现在,这些魔鬼也仍然是围绕着各种禁忌而产生的存在;它们也同样自成一类,栖身他界,所以我们经常很难将它们与严格意义上的神区别开来。不仅如此,就拿基督教来说,魔鬼不也是堕落的神吗?②

---

① 弗雷泽. 金枝 [M]. 汪培基,徐育新,张泽石,译. 北京:商务印书馆,2012:27.

② 爱弥尔·涂尔干. 宗教生活的基本形式 [M]. 渠东,汲喆,译. 北京:商务印书馆,2011:52-53.

涂尔干强调了巫术与宗教之间的许多共同特征，也指出了两者的本质区别，即"真正的宗教信仰总是某个特定集体的共同信仰，这个集体不仅宣称效忠于这些信仰，而且还要奉行与这些信仰有关的各种仪式。这些仪式不仅为所有集体成员逐一接受；而且完全属于该群体本身，从而使这个集体成为统一体。每个集体成员都能够感到，他们有着共同的信念，他们可以借助这个信念团结起来"①。但是巫术不同，巫术相对来说要功利得多，虽然相信巫术的人同样很多，但是涂尔干认为，在巫术中，巫师与他们的请教者之间的关系，往往是松散的，缺乏有机的联系。巫术的追随者没有像教徒那样结合起来，形成一个集体，过"一种共同的生活"。也就是说，当人们在生活中出现了问题，需要立刻解决，这时候他们往往会想到巫术，希望通过巫师的占卜活动来解决这些问题。

弗雷泽也讨论了巫术与宗教的关系，他特别强调，宗教的首要特点是对统治世界的神灵的信仰，其次是要取悦于它们的企图，那么这种宗教显然是认定自然的进程在某种程度上是可塑的或可变的，可以说服或诱使这些控制自然进程的强有力的神灵们，按照我们的利益改变事物发展的趋向。而巫术不同，尽管巫术也是与神灵的世界打交道，它对神灵的态度截然不同，巫术不讨好神灵，而是想办法"强迫或压制神灵"："巫术断定，一切具有人格的对象，无论是人或神，最终总是从属于那些控制着一切的非人力量。任何人只要懂得用适当的仪式和咒语来巧妙地操纵这种力量，他就能够继续利用它。例如在古埃及，巫师们宣称他们有能力迫使甚至最高的天神去服从他

---

① 爱弥尔·涂尔干. 宗教生活的基本形式 [M]. 渠东，汲喆，译. 北京：商务印书馆，2011：54.

们,并且确曾对天神发出过如若抗拒即予毁灭的威胁。"① 也就是说,在某些时候,巫师的力量比神还要强大。

今天网络上流行的占星术可以说是一种时尚的、带有现代特色的巫术。像古代的占星术一样,今天在网络空间中的占星术由占星师、各种仪式和追随者即星座迷组成。各种各样的占星师往往扮演着"灵魂引领者"的角色,他们的占卜是否灵验,决定了他们是否能受到星座迷的追随和信任,例如《东方卫报》2009 年 1 月 22 日就曾以《国内占星师,谁比较灵?》为题,介绍了国内一些比较有影响的占星师,记者在文中分析了几位当红的占星师,认为玛法达、方杖和纱纱这几位占星师比较准确,闹闹、河马、星座小王子则不太准确,有娱乐化的倾向。下面我们以方杖和蓝斯诺为例,看看现代网络上的占星师对占星的一些理解。

方杖在其博客里自述是在 2003 年的时候开始接触占星书籍,在网络论坛上讨论占星之术并认识了一些志同道合的朋友。他自认为是"非主流占星师",并强调自己和算命之间的区别:"我给大家看的只能说是我看到的客观情况,不要再问我如何能改变,告诉你怎么避免,怎么化解,那是算命先生干的事,我实在无能为力,而且以我摩羯双鱼的性格来说,我真的很难告诉你怎么化解,而且命盘复杂,我轻易不会给你下结论,也不要妄图在我这得到一个绝对正确的结论。我是人不是神。拿不准的也往真了说,那也是算命先生干的事情。"② 在另外一篇博客里面,他强调占星其实没有什么特别的方法,而真正的占星是对万事万物的理解。

---

① 弗雷泽. 金枝[M]. 汪培基,徐育新,张泽石,译. 北京:商务印书馆,2012:91.

② 方杖. 我是研究占星的,不是算命的[EB/OL].(2007-02-06)[2018-12-26].http://blog.sina.com.cn/s/blog_555639910100070u.html.

其实不管方法是什么，占星、八字、紫薇、奇门遁甲、姓名学等，模式都是一样的，无非就是通过一种算法得出有关一个人或者一件事情的内容。方法千奇百怪，各种路数都有，但是有没有共同点呢？其实往往自然科学无法解释的东西，却能在哲学上找到答案。实际上我认为所有的命理学共同的东西就是"万事万物必有联系"。

……

只不过西方理论体系中以星座、行星、四相等这些内容来对应万事万物的性质，而中国人则把万事万物抽象成阴阳五行。从哲学本质上来，不过是思路不同，但根基是相同的。

我相信还是有很多朋友不以为然，觉得我说的这些是废话，不就是算命吗？有这么复杂吗？你告诉我行星对应的意思是啥不就得了？——这就是占星中存在的最大的理解误区。占星术是一个复杂的命理学科，它的要素其实不过就是行星、星座、宫位那些元素，这种错综复杂的组合是无穷的，我要是告诉你每个组合对应什么，那估计一辈子都搭在这了。这就需要我们从占星的基本性质出发，把基本性质组合到一起形成一种分析，然后我们根据"万事万物必有联系"的逻辑，去对应万事万物的性质，这就是算命的过程。①

(有删改)

---

① 方杖.非主流占星·壹·(三)万事万物必须联系[EB/OL].(2010-03-09)[2018-10-26].http://blog.sina.com.cn/s/blog_555639910100hgyl.html.

方杖认为，占星、八字、紫薇、奇门遁甲、姓名学等巫术活动的共同之处在于"万事万物必有联系"，他有意识地淡化传统巫术所强调的通过诅咒、祈祷和实施法术来化解实际遇到的问题，只把占星看作一种"命理哲学"，自己不能像传统巫师那样对神和上天"发号施令"。同时他也强调命盘本身的复杂性。"我在很多场合分析星盘的时候，说得最多的字眼就是'可能'，有人可能会觉得我太虚伪，给自己留后路，避免错了人家会找上门来揍我。命盘实在太复杂了，行星落点、相位、宫位之间关系错综复杂，是无穷的组合。特别是在对运势的判断上，很多问题是需要其他条件的辅助才能下结论。我不是神，没有那个能力，我研究占星只是想尽量接近真相。但是完全真相是不现实的。况且我们是主观的。"① 方杖很清醒地坚持，自己不能像算命师那样直接满足或否定算命人的期望。

正因为如此，他的占星也受到了许多星座迷，特别是"85后"的质疑。年轻人占星，自然是直奔着问题和结果去的，他们希望从星座中得到肯定的回答和解决的方案，光给出问题，显然不能满足他们。而另一位被誉为"美国神婆"的苏珊·米勒，在中国追随者众多，崇拜她的星座迷都在网上直言，她能让人"有效地"避开雷区，更好地达到目标。

与古代巫术一样，仪式在今天的网络占星中仍然十分重要，当然今天的网络占星结合新兴的大众媒介，形成了新的仪式。现代占星师也就是根据他们的复杂组合来考察人与宇宙万象。在一篇文章里方杖一步介绍了占星的一般步骤。

---

① 方杖. 无休止的争论，我累了[EB/OL].(2007-12-21)[2018-10-26]. http://blog.sina.com.cn/s/blog_5556399101007wtp.html.

第一步：学会使用astro32。（他建议不要用网上的在线命盘查询）

第二步：了解什么是行星。行星的含义很重要，这是基础的基础。

第三步：了解星座，星座来自行星，理解了行星，星座含义顺理成章。

第四步：了解宫位。12宫就是12星座，1—12宫，对应着白羊到双鱼。

第五步：了解相位。这个时候用相位把2、3、4之间的关系找到，基本就可以看盘了。

第六步：研究自己的命盘，把自己的任何特点、举手投足，甚至对待每一件事情的反应都在命盘上找到答案。什么时候觉得搞清楚了就进行下一步。

第七步：研究你熟悉人的盘，有不符合的要反复论证，最好和当事人多沟通。

第八步：尝试分析不认识的人的盘，大胆猜测，检验自己的学习成果，反复多看多研究。

第九步：学习流年分析，返照、次限等。学这个的前提是先清楚以上八步。

第十步：研究自己的流年，把自己活到现在的每一年，甚至你认为重要的事情都分析遍。

第十一步：研究熟悉的人的流年，分析再分析。

第十二步：研究不熟悉的人的流年，分析再分析。[1]

（有删改）

---

[1] 方杖．占星学习的循序渐进12个步骤[EB/OL].(2007-12-25)[2018-10-26]http://blog.sina.com.cn/s/blog_5556399101007y8e.html.

按照这十二个步骤做，就基本达到了"占星入门"，可以成为一个初级占星师。不过，就像古代的巫师一样，不同占星师占星的方法和仪式都是不同的。例如，蓝斯诺就在博客里介绍了独特的"灵感力的练习方法"，她认为1996年的台湾塔罗牌界根据塔罗版运用方式的不同，主要分为三派：以学术为主的学术派，以直觉和直观为主的直观派，以灵感为主的灵感派。灵感派是把读牌当作灵感在一瞬间对脑袋的冲击，让这个冲击自己延伸，就可以用来解释客人的问题。在此博客里，她详细介绍了一种叫"线条卡"的灵感力的练习方法。步骤大致是先在商店或者书局购买空白的名片纸，找些五颜六色的色笔，然后想着一个星座，用你认为的颜色画下你自己的感觉。一个星座、行星、宫位和相位都可以有不只一张"线条卡"，当你有几张卡之后，你就可以自己设问题自己联系，比如说"这个人的感情怎样？"她以白羊座为例：假设你的第一时间想到的是争吵或伤害，你"用红色强硬的线条画下很多密集的尖山"。如果是处女座，"想到他迂回，就用灰色的线条画下螺旋的圆圈。注意，除非真的不得已，否则尽量不要太明显地像是一个具体的东西"。而接下来，当你手中有几张卡时，你就可以自己设问自己练习，比方说"这个人的感情会怎样？"再接下去，假如你抽到了那个螺旋的圆圈，那么可能的解释就是："这个人的感情太不直接了，迈入漩涡，或是有点复杂……"①按照这样的方式就可以解释一个人的星座。蓝斯诺还介绍了一种"翻书占卜"，像古代的巫师在占卜时一样，在这种"翻书占卜"的过程中，也有许多禁忌，要做到：

---

① 蓝斯诺.灵感力的练习方法[EB/OL].(2013-03-05)[2018-10-27]http://blog.sina.com.cn/s/blog_504f4ec90102e4vv.html.

1. 媒材的完美（所选择的书要有讲究，如书不能有太明显的未知，不能太专业，最好是没有看过的言情小说等）；

2. 占卜师的状态完美（不能担心会解错，不能太饱也不能太饿，不能太香也不能太臭等）；

3. 求卦者的状态完美（有切实的急迫性，不受外界干扰，不能有认知障碍等）；

4. 问题追踪的完美；

5. 技术应用的完美；

6. 全知的完美；

7. 帮助的完美；

8. 联结的完美；

9. 伦理的完美；

10. 外挂使用的完美等等。

（有删改）

从方杖和蓝斯诺对占星的要求可以看出，现代占星仍然有很多套复杂的仪式及禁忌体系，不同的门派有不同的理念，但这些都要经过长期的学习才能掌握。许多占星师在网络空间的介绍中都表明自己学习占星的时间长达十年之久。

现代人的精神问题

工业革命和启蒙运动之后的现代社会，科学技术日益发达，社会分工越来越细，理性化、合理化和专门化成了现代社会的重要特征。"我们这个时代，因为它所独有的理性化和理智化，最主要的是因为世界已被除魅，它的命运便是，那些终极的、最高贵的价值，已从公共生活中销声匿迹，它们或者遁入神秘生活的超验领域,或者走进了个人之间直接的私人交往的友爱之中。"① 马克斯·韦伯指出,在理性化原则下,整个世界被分为无数个具体的专门化的学科领域,比如政治、科学、经济和文化等,理性化的结果是宗教(包括巫术)离开了人类,或者说宗教变成了和其他学科一样,仅仅是一种专业。他认为,支配现代社会生活的理性是一种"工具理性",这种工具理性的特点是程式化和计量化。在工具理性支配下,"今天还有谁会相信,天文学、生物学、物理学或化学,能教给我们一些有关世界意义的知识呢?即便有这样的意义,我们如何才能找到这种意义的线索?"② 霍克海默和阿道尔诺也说,现代社会是一个"祛魅的社会",要根除一切关于神灵的思想:

> 唤醒世界就要根除泛灵论(Animism)。色诺芬尼嘲笑众神,因为神是人造出来的,是人的仿制品,并充满了偶然和丑化特性;最新的逻辑学派也大肆贬低突出的言辞,认为它们只不过是伪币,最好用中性的筹码来加以替换。这个世界正在变得混乱不堪,它需要整体的解放。动物的图腾、占卜的梦幻和绝对的理念之间已经没有什么明确界限。在通往现代科学的道路上,人们放弃了任何对意义的探求。他们用公式替代概念,用规则和概率替代原因和动机。③

在祛魅的现代社会中,一切神秘的东西都被认为是不合理

---

① 韦伯. 学术与政治: 韦伯的两篇演说 [M]. 冯克利,译. 北京: 生活·读书·新知三联书店,1998: 48.
② 韦伯. 学术与政治: 韦伯的两篇演说 [M]. 冯克利,译. 北京: 生活·读书·新知三联书店,1998: 33.
③ 霍克海默,阿道尔诺. 启蒙辩证法: 哲学断片 [M]. 渠敬东,曹卫东,译. 上海: 上海人民出版社,2005: 3.

的,那种非理性、超验的思想、神学观念被认为是迷信而加以批判。

现代社会虽然增强了个人的自我认同,加强了个体的独立性,但由于传统共同体的解散,每个现代人又比传统世界里的人显得更加孤独无助。在今天的媒介时代,新兴媒体不断制造"虚拟的时空",地点与空间的分离变得更加明显,这一方面让人类的生活变得更加丰富多彩,另一方面却又增强了人类的不稳定感和不安全感。生活在不同地方的人,可以通过E-mail、微信视频、QQ聊天等新兴媒介工具互相保持联系,但有时并不清楚对方真正的状态,亲情、友情和恋情在"时空分离"中变得变幻莫测。

现代社会的发展虽然带来了丰富的物质条件,但是现代人的精神困惑与日俱增:如何面对死亡、如何看待生活中一些自杀等非理性的行为等涉及终极关怀的问题?荣格在其著作里就特别指出,现代人的精神问题①是一个重要问题:

> 现代人的精神问题是与现在紧密相关的问题之一。由于我们生活在现在,所以我们不能够对这些问题作出充分的判断。现代人是一种新型的人;现代的问题是刚刚才出现的问题,它们的答案需要在未来中去寻找。因此,当谈及现代人的精神问题时,我们最多只是陈述出了一个问题,而且这还是一个极其模糊的问题。但是,这一问题所涉及的是一种如此普遍的现象,因而它超出了任何个人的把握能力。②

---

① 荣格讲的现代人的精神问题主要是针对西方社会。
② C.G.荣格.寻求灵魂的现代人[M].苏克,译.贵阳:贵州人民出版社,1987:221.

荣格指出，现代人看到了科学技术带来的种种好处，但也看到了这一切可能带来的灾难。现实的各种灾难让现代人陷入了一种"深刻的不确定状态中"，正是在现代社会中，精神的需要"才引出了我们对心理学的'发现'"："世界大战灾难性的结果导致了我们意识观内的革命，这场革命发生在我们内在生活中，它表现为我们对自己和自身价值的信仰的土崩瓦解。"① 荣格猛烈地批判了科学至上的西方现代社会，他认为在这样的社会中，西方人的精神和心理状况糟糕，迫切需要治疗和拯救。而正是在混乱的现代社会中，那些被过去时代抛弃的许多东西，又重新回到了人们的日常生活中：

> 被过去的时代抛弃的东西，今天突然占据了我们的注意力，无论这多么难以理解，但我们必须承认这是事实。人们对这些事物有一种普遍的兴趣这是不可否认的，尽管这些事物有辱良好的趣味……我考虑的是那种对各种心理现象所产生的广泛而普遍的兴趣，这些心理现象表现在唯灵论（spiritualism）、占星术、通神学（theosophy）等诸如此类的蓬勃兴起之中。从17世纪以来，世界从未目睹过这般状况，我们只能将它同公元一二世纪时诺斯替思想的鼎盛繁荣相比较……在数字上最惊人的现代运动无疑是通神学，以及它在大陆上的姊妹灵智学（Anthropo-sophy）；这两者纯粹是披着印度教外衣的诺斯替教。与这些运动相比，对科学心理学的兴趣就显得微不足道了。②

---

① C.G. 荣格. 寻求灵魂的现代人 [M]. 苏克, 译. 贵阳：贵州人民出版社, 1987：229.
② C.G. 荣格. 寻求灵魂的现代人 [M]. 苏克, 译. 贵阳：贵州人民出版社, 1987：232-233.

荣格看到，正是在科学发达的现代社会，唯灵论、占星术、通神学等传统的神秘主义思想在西方兴起，他还认为西方的通神学、占星术本身就是"对东方的蹩脚模仿"，对东方人来说，这些是"他每天的面包"而已。荣格进一步指出，尽管人类已经步入现代，其实现代人与古代人并非有所不同，其实每个现代人，不管其意识发展程度是如何得高，但在其心理的深层他仍然是一个古代人。

荣格对于现代人精神问题的思考对我们认识今天网络空间里流行的各种占星术具有重要的启示意义。今天，虽然我们的时代已经发生了巨大变化，即便是荣格、霍克海默、涂尔干等人的时代也已经成为"旧时代"，但是像霍克海默、阿道尔诺所说"一切新事物不过是旧有事物而已"。日益更迭的现代社会，引发人层出不穷的精神问题，这就是形形色色的网络占星术流行的根本原因。网络虽为人类带来了一个崭新空间，却也不断制造新的精神困惑，甚至让困惑越来越严重，这也是许多人特别是年轻人很容易迷信占星的原因之一。前述几位占星师已经强调，今日的占星术的重要价值并非在于其预测性，而在于让人重新认识人与自然、人与人及宇宙万物之间的关系。认识了宇宙万物之间的内在关联之后，便可以对自己的人生有一个清晰的看法和合理的安排。占星师"静电鱼"便这样看待占星术对当代人的价值：

> 未来固然是未定的，但是有迹可循的，所以是可以预测的。而所谓预测，一般指通过经验和统计规律来推演大概。预测自然可能不准，正如天气预报、财经预报，或者地震预报，谁又会因为它们的不够准确而质疑它们呢？那我们为什么又需要它们存在呢？
>
> 所以说，对于未知，我们希望能够了解它的大致

推演规律。实际上，它们也确实有迹可循。而这样做，令我们能够防患于未然，把持住大的"固定"方向，再面对个体的变化，这才是占星学所谓"预测"功能的真谛。①

静电鱼强调占星对个人精神与灵魂的重要性，通过星相学，人们可以掌握自然万物的运行规律，并学会从"旁观者"角度，"体察我们的缺点和优势，学会以包容的胸襟去承受我们不愿意接受的负面事实，帮助自己找出最适合的领域，为自己谋求更大的幸福"②。因而，许多比较有想法的占星师去学习和从事占星，从根本上是想认识宇宙运行的一些基本规律，并以他们的预测来为当代人提供一些富有思考性和哲理性的启示。这就是为什么许多占星的语言往往是一些辩证性的，而非绝对性的话语。占星强调一个人的命运往往不是由单一的、偶然的因素决定的，而是受到很多因素影响。而且由于星座、行星、宫位之间的组合千变万化、错综复杂，因此，在占星过程中，在不同年份、月份和周份及日份，每个人的运道都随时可能发生变化，也就是说人生的命运其实变化莫测。

当然，占星术之所以为许多人所沉迷，还有一个原因是自然宇宙、天际星空的变化莫测、朦胧神奇与人类丰富多样的内心世界相当符合。荣格说，从人类社会初成之日，人类就努力要以某种固定的形式来表现他们心灵深处的那些朦胧晦涩之物，而这些努力往往留给了诗人、艺术家和占星师，因为诗人、艺术家和占星师能够看到原始人看得见的"组成了黑夜世界中的那些群灵众生的形象——精灵、魔鬼和神仙。他知道对

---

① 静电鱼. 星座第一书 [M]. 南昌：21世纪出版社，2008：3.
② 静电鱼. 星座第一书 [M]. 南昌：21世纪出版社，2008：8.

人类来说，一种超出了他们限度的目的性正是一桩散发着活力的秘密，他在丰富与纷繁之中对不可理解的事件有着某种预感。简而言之，他看见了那使原始野蛮人惊恐万状的心理世界中的某些东西"①。占星能够让人从一个更高的层面领略宇宙星空和大千世界，从而不再局限于琐碎的日常生活。台湾的占星师缪心MusesHeart在自己的新浪微博签名中写道："来自星空的灵魂，在神秘里沉潜，安顿于物外，在不朽星光下泅泳，浩瀚世界中行旅。就这样，把占星、塔罗与灵数当作随身行李，走一趟繁华的人世风光。"② 不得不说，这种唯美的文字极具诱惑力，它契合了芸芸众生对浩瀚星空的追寻，自己便也在追随者心中成了引领者。

星座说到底还是人们逃避现实的一种渠道。在这种看似简单的文化中灌注的，实际上反映了人们心底关于生老病死、爱情生活的某些渴求和欲望。

魔法是丛林中的"科学"

"纵使我们的时代已经没有了众神，但宗教思想仍然还在我们中保存着这种心理状态，千百万人仍然还以这种方式进行思维。"③ 今天依然如此，虽然科技发达，但是巫术和宗教的思想并没有泯灭，相反，它以一种集体无意识的方式存在于每一个现代人的内心世界，当一个现代人遇到无法解决的实际问题时，他便渴望巫术和宗教的超自然魔力能够重新复活，为他

---

① C. G. 荣格. 寻求灵魂的现代人［M］. 苏克，译. 贵阳：贵州人民出版社，1987：185.
② 来源于新浪微博，https://weibo.com/musesheart? is_all=1。
③ C. G. 荣格. 寻求灵魂的现代人［M］. 苏克，译. 贵阳：贵州人民出版社，1987：166.

提供解决问题的办法和思路。特别是借助于新兴的网络媒体，关于精灵、占星、宗教和神话的思想在一些人群中变得越来越活跃。前面我们也说过，正处于青春成长期的年轻人，特别容易受到占星文化的影响，其中有些人不仅将其当作百无聊赖时的消遣娱乐，甚至还沉迷其中，将之视为唯一值得依赖的"精神的寄托"。每个人相信星座的原因各不相同，有人是特意学习，而有的则是在偶尔的状态下，由于某种巧合，立马就开始相信"星座的神话"，如下面这则《星座很灵验》的故事就是这样，这位博客名为"雨醉心竹"的星座迷讲述了她对星座从不相信到相信的转变过程，其中仅仅是一次碰巧就令她对星座深信不疑：

星座这东西真准。

我觉得我不是那种迷信的人，八卦的人。也许是因为星座真流行吧，最近订了网易、搜狐、新浪等门户网站的每日星座运程，各网站发过来的消息大同小异，我每天看到也不屑一顾，甚至没看讲的什么意思就删除了。

今天倒霉的事情发生了，移动硬盘被我不小心弄到地上了，结果电脑识别不出来了，呜呜呜呜呜。看看短信，我才发现很多短信都说摩羯座的人今天会有意外发生，解决方案是：非淡泊无以明志，非宁静无以致远。天呢，这是命中注定的还是巧合？[1]

(有删改)

---

[1] 雨醉心竹. 星座很灵验[EB/OL]. (2005-12-07)[2018-10-19]http://blog.sina.com.cn/s/blog_557d8b270100atow.html.

一次"碰巧"让雨醉心竹对星座的态度发生了一个180度的大转弯,从不相信变成十分相信。和她有相似经历的人还有很多,一位叫"秋水孤鹜"的星座迷在题为《神秘星座》的博客里也强调星座的神秘性,她原本是经由朋友介绍进入了豆瓣的玛法达星座运势小组,最开始只是抱着无所谓的态度,无聊的时候看看自己的运势,"今天是6月17日,六月过了一半。早上一起床就收到了好消息,天知道我最近有多紧张,哈哈。回首那个预言,哈哈,不管怎样,还有点准"。从星座里感到一种超魔力的、神奇的预言,这往往是人们对星座感兴趣的开始。下面这位叙述了她对星座的神秘性的赞叹:

> 谁能解开星座之谜??!
> 不得不佩服,研究星座运势的人真的好厉害!
> 这是今天的预言:
> 摩羯座:多愁善感的心,容易让你沉浸在过去的痛苦中顾影自怜,难以自拔,适当调整心态,向前看哦。
> 射手座:易与朋友发生摩擦,多注意自己的言行。
> 巧的是,这两项在今天都应验了!
> 而我都在事后才注意到,
> 因此,并没有心理作用影响我!
> 一个字:准![1]
>
> (有删改)

这位星座迷强调她并没有事先受到心理暗示,却都在事后发现预言的准确性。事后发现的星座预言得到"应验"使得人

---

[1] Powerpuff. 神秘的星座预言[EB/OL].(2007-07-12)[2018-10-27]http://powerpuff.blog.sohu.com/54906934.html.

们更加相信预言的准确性,实际上,如果我们仔细揣摩这两句"预言",会发现它们都是十分普通而模糊的日常话语,处于青春期的敏感的年轻人较容易将这些表述往自己身上套,在缺乏经验和阅历的年轻人看来,这些模糊的日常话语反而是星座的神秘准确性所在。

荣格在其著作中也讲述了许多同样的现象,原始人经常喜欢将一些偶然事件与迷信、预言联系在一起:"早晨,一只鸟飞进你的房间;一小时后,你在街上目睹了一起事故;下午一位亲戚去世;晚上,你的厨师把汤碗掉在了地上;夜里回到家时,你发现丢了钥匙。原始人不会忽略掉这一事件链中的每一项,因为每一个新的环节都应验了他的设想。他是正确的——他远比我们愿意承认的更接近正确。他不安的预期是有道理的,并且能够解决问题。他会认为,这是一个不吉的日子,不能做任何事情。在我们的世界中,这是将受到谴责的迷信,但在原始人的世界中,这却是极识时务的精明。"[1] 荣格所说的原始人的情况,和我们今天许多星座迷的一些举止是多么相似,生活在网络时代的年轻星座迷似乎又回到了原始人的状态里,早上丢了一个东西,出门眼皮跳了一下,在神秘的星座文化里,都被认为是不祥的预兆,也是检验星座是否灵验的标志。"今天出门感觉不好,果然到下午车子就被碰了。我昨天看星座,说摩羯座今天最好不要出门,真是太准了。"随着"预言—证实"的不断重复上演,他们感叹,这样的预言让人不得不相信星座。

不过,我们前面说过,今天网络空间里火爆的占星文化反映了现代人特别是年轻人的精神困境,在快速变化的现代社会

---

[1] C.G. 荣格. 寻求灵魂的现代人 [M]. 苏克,译. 贵阳:贵州人民出版社,1987:156.

中,传统的社会关系瓦解,爱情、友情和亲情都转瞬即逝,难以把握,这让他们倍感迷茫,就像贝尔在分析20世纪60年代的西方文化时表述的那样,在这样变幻莫测的现代社会里,由于人们与过去切断了联系,"就绝难摆脱从将来本身产生出的最终空虚感。信仰不再成为可能"①。正是在现代社会的信仰危机中,在少数占星师和大众媒介的推动之下,许多人反过来从古老的占星术中寻找精神和信仰寄托,重新将古老的占星术奉若神明。当然,像人类历史上所有的神话一样,涂尔干说过神秘的观念并非人类天生就有的,正是人类本身,亲手制造了神秘的观念以及与此相反的观念。在对待神秘主义的东西如灵魂等现象时,他和荣格的观念几乎一模一样,在那些相信灵魂等神秘主义观念的人们的眼里:

> 生活中稍有异常的所有事件都归结为灵魂带来的结果,几乎所有事情都可以用灵魂来说明。这样,灵魂便成了人们随时随地都可以利用的原因,它从来不会使人们因为找不到解释而感到窘迫不堪。为什么会有人看上去兴奋异常,讲起话来铿锵有力,似乎已经出离了自身而超过了普通人的水平?这是因为,他身体中有个善的精灵,给了他无穷的活力。为什么会有人被打得落花流水,或变得疯疯癫癫呢?那是因为,恶的精灵已经进入了他的体内,造成了所有这些麻烦。任何疾病都可以归咎于这种精灵的影响。于是,正因为人们把一切都归结为灵魂,所以灵魂的力量大大增强了,最后人们发现自己成了这个想象世界的囚

---

① 丹尼尔·贝尔.资本主义文化矛盾[M].赵一凡,蒲隆,任晓晋,译.北京:生活·读书·新知三联书店,1989:97.

徒，而这个世界的创造者和原型却是人类自身。人们陷入了对这些精神力量的依从之中，而这些力量恰恰是依靠他们的双手，根据他们的想象创造出来的。①

驾照没有考过是因为自己是天秤座，考试那天对天秤座不利；和男朋友分手，是因为他是天蝎座，与自己的星座不符合……一切都可以从星座中找到理由，今天信奉星座文化的年轻网民依然如此，再也不用担心找不到"解释的理由"，他们在虚拟世界中创造了"星座神话"，找到了一种"替代性的信仰"。当然，这并没有从根源上解决年轻人的精神困惑，一些年轻人对星座陷入一种盲从状态，失去了对自我的清醒判断和认知。而少数网站和占星师只是借助星座大肆牟取暴利，他们胡编乱造一些星座故事，让年轻人沉迷其中甚至误入歧途。不过，今天年轻人普遍受到星座文化的影响，也暴露了我国教育制度存在的某些缺陷，从小到大，我们的教育只关注学生的成绩，很少关注年轻人的精神世界。但是年轻人在学习、生活、就业及恋爱、工作之中所遇到的，往往不仅是"成绩问题"，还有精神问题，正确地展开心理和精神健康教育，使得年轻人有一个比较完善的精神和价值观念，才能让他们实践理想时有坚定的信念，不轻易被"星座神话"左右。

---

① 爱弥尔·涂尔干. 宗教生活的基本形式 [M]. 渠东，汲喆，译. 北京：商务印书馆，2011：69.

时至今日,星座文化在中国本土的传播不仅是一种流行亚文化的社会性传播,它也具有了广泛的市场价值和商业价值。星座文化在商业化、娱乐化方面的成功,也带动了更多的青年人投入星座文化中。

星座消费与大众娱乐

星座概念自 20 世纪 80 年代传入中国以来，在广播、电视、书籍和网络等新旧媒体的传播下，逐渐变为越来越受到我国青年群体喜爱的星座文化。当然，星座文化在中国本土的传播不仅是一种流行亚文化的社会性传播，它也具有了广泛的市场价值和商业娱乐价值，在青年大众的热烈参与下，星座文化形成了潜力巨大的消费市场。

"亚文化资本"下的星座消费

一、占星成为青年群体的"新俗信"

前面说过，俗信是古老经验的总结，在一定程度上指导着人们的劳动和生活。民俗学家乌丙安给出如下定义："俗信原来在古代民间传承中曾经是原始信仰或迷信的事象，但随着社会的进步，科学的发达，人们文化程度的提高……人们在长期生产与生活的经验中找出了一些合理性，于是把这些事象从迷信的桎梏中解放出来，形成了一种传统的习惯。这些传统习惯无论在行为上、口头上或心理上保留下来，直接间接用于生活目的，这便是俗信。"[①] 随着社会文明的丰富与发展，很多新的大众文化因其具有与俗信相通的特点与影响而渐渐成为一种新俗信，变得更加时尚、有趣和便捷，星座文化就是其中之一。星座文化中很多对人性的总结与建议获得了当今社会青年群体的认同与追捧，成为一种新俗信。

从占星的发源来讲，星座文化和俗信都是古代人们积累、总结下的经验，这种古老的经验在西方历史中也一直为人们所采用，为生产与生活提供建议与警醒。不仅如此，星座文化将人们按照生日分成了十二星座，使人们不仅对自己的星座产生

---

① 乌丙安. 中国民俗学 [M]. 沈阳：辽宁大学出版社，1999：268-269.

心理认同感,而且对同星座的人也会有一定的集体归属感,这在一定程度上满足了人们摆脱孤单、渴望被群体接纳的心理,这一点也与俗信的群体性特点相同。

占卜是一种通俗文化,是古代命理学家对传统文化、天文地理、民众心理综合运用而形成的一种民间技艺。占卜有完整的理论系统和严密演绎的逻辑路数,中国自古就有结合传统文化、命理学等民间技艺算命的传统,因此,当今仍有很多人对算命占卜抱有好奇、不排斥的心理。占星术对个人来说,与宗教的作用一样,都可以平和内在焦虑情绪、帮助舒缓压力。如今随着媒体科技的进步,占星资讯也不断变更传播方式,从平面的书籍、杂志、报纸扩至广播、电视,再扩至互联网。在传播过程中,占星方式逐渐变得通俗易懂、简单可操作,各大网站上铺天盖地的星座预测、命运占卜信息,让占星成为当代年轻人的一种网络使用行为,提供占星的网站也成为点击率颇高的热门网站。如今各大占星网站的占星事业风生水起,占星师也会结合各种神秘的星象占卜,为受众解答他们无法掌握的命运。

"占星热"是消费社会的产物。在计划经济时代,个人选择的机会少,人们都被动地等待社会为自己安排位置,自我主动追求、争取的欲望低,对"知己知彼"的要求也比较低。在我国社会主义市场经济体制建立后,个人的成长过程被放置社会大环境中,选择面更加宽广,个人的主体性也随之增强。因而人们会更迫切地想要知道自己在未来的发展,希望借助"天意"做出更正确的决策,不浪费手中的社会资源,在物欲膨胀的当下,也希望满足精神的需求。为迎合现代大众的这个心理需求,占星网站开设的一个重要讨论话题,就是和消费社会相关的——事业和财运。财运是人的生活中非常重要的一个方面,这正是消费社会人们相信占星的重要原因,因为相信占星能够给自己带来好的运道,只要按照占星师的要求去做,就能享有财富。有了"运程"的指示,人们才会更放心大胆地进行资金投资,对自己的财运也会更有信心。

在研究"俱乐部文化"时,萨拉·桑顿在布尔迪厄文化资本理论的基础上提出了针对青年亚文化群体的"亚文化资本"(Subcultural Capital),桑顿认为当代年轻人以"俱乐部文化"为主建构了自身的亚文化区隔,这种亚文化区隔还延伸到了俱乐部以外的场合。

> 在一些相关的观察者的眼中,亚文化资本赋予其拥有者一定的地位。亚文化资本在多种方式下影响了年轻人的身份,就像影响成年人一样,亚文化资本能够被客观化(objectified)或具体化(embodied)……正如文化资本具体体现在"良好"的行为举止和文雅交谈中,亚文化资本具体体现在"内行人"身上,内行使用(但不过度使用)当前流行的俚语和打扮,看起来好像你是天生就会表演最新的舞蹈风格。[1]

桑顿认为"亚文化资本"与媒介及消费社会紧密结合在一起。在亚文化资本体系中,"媒介不仅仅是另一个象征性商品或区隔的标志者(这就是布尔迪厄把电影和报纸作为文化资本的对立面进行描述的方式),而是一个对定义和传播文化知识至关重要的网络。换句话说,时髦与土气之间的区别、亚文化资本富有或贫瘠之间的区别都与媒介覆盖、创造或揭露的程度

---

[1] THORNTON S. Club cultures:music,media and subcultural capital[M].Cambridge:Polity Press,1995:27.

之间存在复杂的联系"①。正是借助于媒介传播和日常消费，"亚文化资本"可以转换为"经济资本"，俱乐部那些组织者、服装设计师、新闻记者等人都是依靠"亚文化资本"谋生的，而且这种亚文化资本不像传统文化资本那样受到阶级的限制（class-bound）。

同样，随着各种星座网络平台的建立，星座知识在网络平台上迅速传播并形成了潜力巨大的亚文化消费市场。星座媒介平台的组织者、占星师和商家建立了以"星座亚文化资本"谋生的庞大的星座消费产业，特别是一些星座网站、商家和走红占星师从"星座亚文化资本"中获利丰厚。例如根据十二星座的幸运颜色、幸运数字和性格特征等要素，网络平台和商家将星座爱好人群分成十二种不同星座类型的群体，星座爱好者与相同星座的人找到了共同兴趣，同时与其他星座的人群产生"消费区隔"。这种"消费区隔"恰好丰富了市场细分的维度，商家可以根据星座爱好人群的星座特征，开发星座创意产品和制定星座营销策略。

二、占星师与占星网站的商业合谋

"想知道今天的运程吗？想知道谁才是你真正的爱人吗？来吧，只要点几下鼠标，一切预言便呈现在你眼前。"

占星网站目前主要的经营模式大致可分为三种，以各类消费场所打比方：第一种类似于百货公司，是各大综合类门户网站的星座频道，如新浪星座的"在线星盘"、腾讯星座的"占星学院"、搜狐星座的"占星世界"等，该类网站提供的服务种类繁多，占星内容以实用为主，结合星座运势，讨论爱情、工作、财富、人际四大主题，并提供一定的指导方案，此外，

---

① THORNTON S. Club cultures: music, media and subcultural capital[M]. Cambridge: Polity Press, 1995: 27.

他们同时提供免费试算项目及线上即时算命服务，让消费者有多样化的选择；其次是像专卖店，如摘星工厂、星吧等以命理占星为主要服务项目的网站，此类网站在营销上比较积极，常以电子邮件等形式有针对性地发布广告促销信息，吸引会员上网试算或消费；再者是个人工作室型，占星师个人注册网站，如人人开运网、中国命相卜顾问协会网站等，专门提供人工免费测算专区和算命师面对面亲算服务，这些网站都把算命师的QQ号放在网页主要位置，吸引受众与之加为好友后在线交流。

广受青年人欢迎的人人网、豆瓣网、天涯论坛等社交类网站论坛，更是别出心裁地推出各种关于星座文化的主页和应用程序，近年来广泛普及、备受瞩目的微博、微信也推出了很多关于星座文化的主页、话题和活动。在微信里搜索"占星""星座"或具体某一个星座，下拉菜单无穷无尽。打开百度搜索网页，输入"星座"，会找到相关结果约1亿个（百度搜索结果的最大值）。关于星座的网站，亦不计其数。在豆瓣网，有关星座的小组、话题有上千个，当红小组成员人数多已破万，这些星座迷在小组里讨论有关星座的各种问题。对星座文化含有浓厚兴趣的中高级星座迷利用网络探讨高级占卜学，学习各种星象学理论，甚至直接与西方星象学大师进行沟通和学习，层次参差不齐的星座迷虚拟社区业已形成。

作为新媒体的典型代表，微博和微信都开通了每日星座、星座秘语、星座密码等公共主页、公众号来发布与星座文化有关的信息，广大粉丝在关注的同时还会在微博、微信上转发、分享和讨论，形成了热烈的传播氛围。以微信公众号"唐绮阳看星星"和"闹闹女巫店"为例（图6-1），它们几乎每天都会更新推送内容，内容涵盖对十二星座的基本介绍、十二星座性格揭秘、对某一星座的调侃和建议等。在多数星座公众号的页

图 6-1 与星座有关的微信公众号

面下方,还有如运势查询、2020、星生活等工具栏类目,各类别中包含相关文章,如运势查询中有今日运势、明日运势、周运势等,读者可以根据自己的需要和偏好获取信息。星座公众号的分类设置,让青年可以更方便地阅读感兴趣的星座内容。

在访谈中受访者们表示,之所以选择网络渠道占星,除了是因为网络即时性的特色外,网络的便利性和匿名性也是吸引青年的优势所在。占星步骤一般只需要上网、登录账号(甚至有些算命网站的体验版,无须登录账号)、输入自己的生日信息即可,许多网站有免费测算区,若需要更深入更详细的解说,就需要付费,且付费渠道有网银、微信、支付宝等多种支付方式。人们原本的需求是不变的,只是刚好网络符合使用者基于便利性的意向,再加上整个网络交易的机制已经比较成熟,进而带动了这波所谓网络算命的风潮。并且,网络占星除了及时快捷外,还可以免除面对陌生人占卜的尴尬心理,可以问他们也许在当面交流时难以启齿的问题。

占星网站免费测算区的测试结果,由占星软件直接在网页显示,但多数内容简略,其目的在于吸引受众进一步付费进行人工测算。占星网站的人工服务,主要以QQ在线聊天及电子邮件传送方式为主,工作人员将算命者的个人资料与问题传给占星师,在线解答。很多占星网站就以"大师亲算"为卖点以招徕顾客,同时也提供大师以邮件、影音或其他方式传送亲算结果给消费者的机制。在许多占星者看来,占星咨询是一项非常个人化的服务,"大师亲算"能够带来一对一个人化服务的消费感受。

在这个网络时代,很多快餐式的占星术充斥着网络,俨然一副"高科技"的派头。许多急于知晓命运真相,等待解决爱情、工作难题的青年,面对神秘玄乎的星相学、命理学,经由网络占星大师以权威的口吻先予以判定,再深入浅出、头头是道地讲解一番,往往信得五体投地。他们很少理性地思考这个所谓的大师本身的资历深浅、专业知识从何习得,也从不质疑大师对别人的回答是不是和自己雷同。一些原本道理简单、语意模糊的占星文章,借由门户网站等较大的平台被推送上主页面后,被每个阅读者或多或少地知晓,自然而然地,网络占星成为青年亚文化里的一种重要亚文化形态。

过去,算命在民间广为流行,被作为一种通俗甚至低俗文化对待,算命师社会地位低下,但今天许多占星师往往是以大师、科学家和教授的面孔出现,以权威的姿态面对占卜者,在网络空间里呼风唤雨。原本名不见经传的占星小学徒,只要声称自己毕业于英国伦敦占星学院,能看得懂星盘,知道命格里哪颗星落在第几宫，对着复杂的星盘说上几句玄乎的话语，并借助影响力较大的网站进行推介，便能实现身份的跃变。他们就在众多网友崇拜的目光中摇身一变成了大师，靠着炒作起来的名声吸引络绎不绝的求问者。

2009年，女巫闹闹进驻博客大巴专栏，开篇《女巫店2009年年度运势》引发强烈反响，她一跃成为网络红人。从此她开始为各种星座研究专栏撰写占卜文章，几乎每份发行良好的报纸杂志上都少不了她的身影，以其漫画形象为蓝本的创意周边也广泛流行。同年，越来越多的占星师纷纷涌现在媒体平台上，而在占星网络中，除了女巫闹闹外，广受推崇的还有中国台湾地区的唐绮阳、被称为"美国神婆"的苏珊·米勒等。

2012年，微博上备受推崇的星座账号若道占星发布了一个消息，占星家大卫·瑞雷开设了"中文职业占星资质课程"，为国际知名的"ISAR占星师认证考试"进行培训，国际占星研究协会还将计划开设中文资质认证。要通过认证，考生需要接受咨询技巧培训、职业道德意识培训，学习三门选修课程，并通过职业道德意识测试、占星能力考试。培训费用在300美元以上，考试费用为175美元。

图6-2是若道占星网站的页面，网页详细介绍了国际占星研究协会占星师资质认证项目（包括认证的具体要求及申请参加占星能力考试的过程、题型，各项费用等），以及网站的占星资质课程。在线课程栏目分为网络课、面授工作坊、主题公开演讲等，有的课程免费，有的则需要付费报名（图6-3）。面对烦琐的考试流程和艰深的理论科目，鲜有占星者愿意花精力和财力在这种"装修资本"上，因而在遍布网络的占星师中，拥有资格认证的寥寥无几。

图 6-2 若道占星网站上关于国际资质认证的介绍

图 6-3 若道占星网站上的在线课程

三、相对理性的占星迷群

在占星迷群体中，认识新的约会对象，人们往往从分析星盘而非面对面接触开始；开启新的一天，人们从阅读星座运程而非新闻消息开始。而这些星座文化的认同者，以大学生、中学生、白领阶层等青年人为主。

星座文化的内容特性决定了它是一种人们心理和精神层面的文化因子，这种因子能够诱发人们心理层面的种种反应，因而占星网站多是以心理层面的感性疏导为主，而这也是消费社会的主要特征。丹尼尔·贝尔在美国20世纪60年代享乐主义文化兴起时便说："在美国，心理学取代了传统的道德观，心理焦灼取代了负罪感。享乐盛行的时代自有其相应的心理疗法。"[①] 星座便是一种有效的心理疗法。笔者以"使用星座网络占卜的目的"为题，对一些使用过或经常使用占星网站的青年进行了访谈。访谈结果显示，大部分受访者使用网络占卜是为了解决实际困难，如爱情、人际交往、学业遇到挫折，其中以解决爱情难题居多。这是因为爱情问题本就是人生中的重要课题，是人们非常关注的生活难题，网站针对不同的星座对其配对、爱情运势、相处模式都有详细的描述，让人们能在看不见摸不着的感情中得到一丝慰藉，因此，在占星网站进行爱情运势占卜的人最多；此外，有的受访者是出于增进对自己和他人的了解的目的进行占卜，其中也以占卜自己和恋人星座的居多；还有一些受访者则是纯粹消遣娱乐，抱着打发时间的心态随意浏览网页；只有极少部分人是对古老占星术感兴趣，希望能通过网络占卜学习占星、命理知识。

从访谈的结果看，完全以占卜结果作为自己决策依据的人

---

① 丹尼尔·贝尔. 资本主义文化矛盾[M]. 赵一凡，蒲隆，任晓晋，译. 北京：生活·读书·新知三联书店，1989：120.

并不多，许多青年只是抱着"试试看"的心态把它当作娱乐消遣，不管测算结果和自己是否相符，都会一笑置之抛诸脑后。即使是在对情感有疑问或质疑恋人是否合适时，也只是参考测算结果，即作为决策时的一个参考"筹码"，理性看待两人的感情发展，而不会完全听命于星座占卜。也有些青年用它来测试上一段失败的感情，当作"事后验证"，将失败的一部分原因归咎于"星座不合"，以之为由来证明结束感情是正确的。

星座文化的消费模式

如今，青年群体已成为我国市场的主要消费人群，星座网站多用平和、舒缓、充满鼓励性的正能量话语，在心理层面与青年消费者进行沟通，走入他们的内心，使青年产生心理上的共鸣与认同，进而获取商业利润。不管星座文化对青年心理产生何种影响，其作用都不会仅仅停留在心理层面，还会通过心理反映到现实的行为层面，即消费行为上，青年这种受星座文化影响的消费行为在很大程度上促成了星座文化的商业化。消费文化正日渐成为推动星座文化形成与传播的幕后动力，星座文化的商业化正呈现出多样的形态。商家以十二星座进行受众的定位，根据十二星座的幸运颜色、幸运数字、性格特征等要素，为不同星座的消费者打造不同的商品。市场上与星座有关的产品种类繁多且十分热销，更有商家别出心裁地打造以星座文化为亮点的休闲娱乐场所。不仅星座迷对星座消费津津乐道，对星座学说并不相信的消费者也很难拒绝这些带有星座标志的创意产品或创意服务，从而加入消费大军中。

一、星座文化商业化的途径

1. 星座产品及软文

产品是距离市场和消费者最近的传播载体，由产品本身作为载体传播,能够更加准确有效到达消费者手中,带有星座符号的饰品、生活用品就受到广大消费者的热捧。在消费文化的时代背景下,以商业利益为内驱力的大众媒介,联合商家打造精美的星座系列产品,对受众发起一轮又一轮的攻势,客观上加速了星座文化的形成和传播。笔者在调查中发现,在受访的青年女性中,有近30%的人购买过带有星座图案的日常用品,如杯子等星座周边产品。除了产品本身的实用性原因外,更多是因为觉得这些星座周边产品"很时尚,自己留着或送人都有特殊的意义"。有近10%的受访者会随身携带有关星座的小物件,一些来自别人的赠送,一些则是自行购买以祈求好运。

以主流购物网站淘宝网为例,在其宝贝搜索栏中键入关键字"星座",共出现相关产品达100页,涵盖了首饰、手表、装饰品、玩具、邮票、居家用品等多个品类。其中绝大多数星座产品是以十二星座的象征符号作为装饰元素,例如项链和手链都是将十二星座的代表符号或名称图案直接做成吊坠挂饰。

图6-4所示就是淘宝网上一家店铺出售的十二星座吊坠,这款镶嵌着华丽水晶的十二款星座项链制作精美,令人爱不释手,让消费者在享受商品的同时也感受到星座文化带来的快乐。

星座消费本质上是一种与现实结合起来的符号化的商业消费,部分星座产品的设计不仅限于形式上

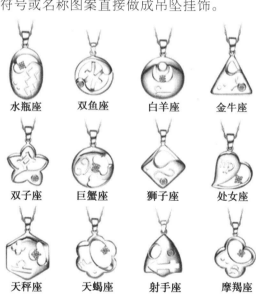

图6-4 淘宝网一家店铺出售的十二星座吊坠

图6-5 某手表品牌推出的十二星座系列女表

的结合,更注重深层次地挖掘星座文化的意义内涵,由此与其他产品进行区隔。例如某手表品牌推出了十二星座系列女式手表(图6-5),每一款都有专属的颜色和装饰图案,并介绍说明手表款式与星座性格、运势的关系,这些巧思使该表从众多手表品牌中脱颖而出。在青年消费者看来,这种带有星座文化的礼物既有纪念意义,又有收藏价值,更能体现自己对恋人独一无二的用心。

由于星座文化的追捧者也和一些网站的目标受众群部分重合,网站便通过大数据分析,把带有星座元素的信息精准推送给受众,达到商业传播的效果。因而星座网站也频频与商家联手,撰写各种"适合不同星座"消费方式的推销软文,类似《十二星座喜爱的餐厅》《十二星座假期旅游胜地》《十二星座的酷辣手机》等标题的文章。

2. 与节日结合

每个特殊节日都是商家营销宣传的绝好机会,节日气氛会带给消费者与平日不同的感受和心态,为消费行为增添一分仪式感。而星座文化能够跟情人节、元旦节等节日深度融合,这就为商家提供了另一个星座文化商业化的好机会,例如"情人节十二星座彩妆造型大推荐"活动、"跨年夜十二星座放飞幸运孔明灯"活动等。通过将特殊节日与星座文化结合,进行商业化传播,这种行为既能传播商业信息刺激销售、为企业提高知名度和美誉度，也能卸下消费者的心防，进一步拉近与消费者之间的距离。网易旅游栏目便将星座文化与我国最重要的传统节日——春节勾连起来，针对近几年形成的春节假期旅游高潮推出了适合十二星座春节滑雪的滑雪场，根据十二星座的不同性格特点，详细地介绍了我国十二个不同风格的滑雪场，形成了一次效果显著的星座商业化传播。

在节日礼物中，标榜"星座幸运物"的商品更是受到星座迷的青睐。今天的星座网站，大部分有推销礼物的页面或链接，在新浪、腾讯等主流门户网站中，均有对星座幸运物的介绍，文章声称这些幸运物能在求职、表白、转运等方面，增大使用者成功的概率。特别突出的是与爱情相关的节日的星座物件，如年轻人热衷的七夕节、情人节、圣诞节、感恩节等。许多人会借此机会向心仪的对象表白，或和恋人共度节日，商家正是抓住此时机，向年轻人不遗余力地推销带有星座特征的产品，让年轻人相信，在某一个特别的、值得珍惜纪念的节日，或某一个对他们而言很重要的时刻，携带星座幸运物，或赠送他人星座礼物，就会有好运伴随，皆大欢喜。它们或可以让表白者增强自信，或可以让被告白者印象加分。新浪星座频道就曾为准备在圣诞节告白的十二星座青年支招：

白羊座

告白幸运物：相机

由火星主宰的白羊座热情坦率、朝气蓬勃。他们不喜欢索然无味、单调的生活方式，充满好奇心的他们总是具有创新求变的精神。如果想在圣诞节告白，时尚可爱的相机是个不错的选择。拍下你所喜欢人的各个瞬间，这样会让白羊座的人在对方的眼中增分不少哦！

金牛座

告白幸运物：胸针

金牛座的人富有保守传统的思想及勤劳实干的精神，他们总是循规蹈矩，从来不轻易地改变自己的生活方式，不喜欢变化的环境。金牛座的人注重享受物质生活，感情世界中非常专一。挑选一个有分量而又别致的胸针去表白，能让对方觉得你是个很有生活品位的人。

双子座

告白幸运物：手机

双子座有着水一样的性格，他们喜欢周围环境随时发生变化，而且很有适应变化环境的能力，他们非常具有语言天分、口齿伶俐、很有思想，享受节奏快的生活及各种各样的活动和安排。带上属于自己风格的手机，在心仪对象不远处，用手机说些甜言蜜语，然后在一个不经意间出现在对方眼前，这种浪漫一定会虏获对方的心。

巨蟹座

告白幸运物：全家福照片

头脑冷静、家庭观念非常强的巨蟹座感情细腻，并且有孩子般纯真的心，心地善良的他们总是希望自己和他人都幸福。对于爱情他们比较被动，心思敏感的巨蟹座察觉力也是特别棒的。如果圣诞节想表白，那么一定要在钱包里放上一张你们全家人的照片哦！有家人的陪伴，相信会在心理上给予巨蟹座很大的勇气和鼓励。

狮子座

告白幸运物：名牌手表

充满信心和胆略的狮子座总是在各种场合中散发着王子般的光芒,他们身上有着威严和高傲的态度。告白时一定要戴上一块带给你幸运的名牌手表。这样不仅可以彰显出你的气派和华丽,更会让自己的信心加倍,那么告白的成功也就在眼前了。

处女座

告白幸运物:手帕

处女座是追求完美的,对生活中的每件事情他们都要把来龙去脉弄清楚,做好详细周密的计划,这样才能确保万无一失。在圣诞节告白,一块干净整洁的手帕会是不错的幸运物。在对方有需要的时候递上,一定会让对方感动于你的细心而使彼此的爱情开花的。

天秤座

告白幸运物:宠物

天秤座的人温柔、儒雅、和蔼可亲,他们很注重品位,对于生活也比较讲究,天秤座的人善于发掘与他们志趣相投的朋友。告白的时候带上自己心爱的宠物,会让心地善良、爱好美好事物的他们觉得你仁慈并且富于同情心,会使你的印象分大大地提高哦!

天蝎座

告白幸运物:水晶饰品

天生具有神秘特质的天蝎座,在性格上具有一定的反差。他们喜欢更新自己的想法,喜欢改变周围的生活环境,不喜欢碌碌无为和无所事事的生活方式。天蝎座的人表面看上去比较平静,内心却是很心潮澎湃的。那么圣诞节告白就要带上你的幸运物水晶饰品,这样你的神秘特性会得到更好的彰显。

射手座

告白幸运物：休闲运动鞋

天生性情活泼、个性爽朗、不拘小节的射手座很会把周围欢快的气氛带出来，他们喜欢冒险和尝试不同的事物，豁达和热情的性格往往能使他们成为好多人的朋友。射手座的告白一定不能少了休闲运动鞋，把自己热爱运动、喜好旅行的特点表现出来，让对方感到你的热情和朝气，人都说爱运动的人是最美的人，那么爱情也会眷顾射手座的人的。

摩羯座

告白幸运物：眼镜

摩羯座的人有着现实主义的理想和抱负，他们非常务实，不喜欢铺张浪费的生活，具有一丝不苟、认真负责的生活态度。属于摩羯座的圣诞节的告白幸运物就是眼镜咯。它能让摩羯座的人显得成熟稳重而又不失时尚气质，再加上你的真诚和体贴，一定会有好运的。

水瓶座

告白幸运物：PSP掌上游戏机

水瓶座的人是博爱而自由的，极具个性的他们不喜欢单调、索然无味的生活方式，总是想用他们极具创造性的思维去开拓新天地。在两个人无话可谈的时候，水瓶座拿出PSP教对方自己发现的新游戏，这样不但让你们的约会有新鲜感，还能增进彼此的感情。

双鱼座

告白幸运物：MP3音乐播放器

双鱼座是最爱幻想的星座，他们向往自己就是童话故事中的那个高贵的公主或是英俊的王子，喜欢幻想未来的生活情景。双鱼座在向对方表白之前，可以约对方一起去高处看看美丽的风景，再听上 MP3 里的几首美妙的歌曲，彼此的心都会拉得更近，爱情也就慢慢滋生了。①

(有删改)

该网站不仅推荐了每个星座的告白幸运物，还分析了每个星座的个性、爱情特征，让读者对描述产生信赖感，相信这个幸运物就是适合自己的，一定会给自己带来好运。网络上涌现出的带有星座文化的商品，说明商家试图从心理上更贴近大众，争取大众对星座角色的认同感，从而诱导消费。实际上，这种做法是引导大众对星座角色产生共情，在消费中引发对自我身份及自我价值的认同，进而产生满足感及愉悦感。

3. 以星座为创意点的广告

星座是商家与广告的宠儿，他们以目标受众对星座的追捧为切入点，结合产品或服务特点进行广告创意，与令人眼花缭乱的星座产品相匹配，使之既体现个性，又能为受众所理解和喜爱。以星座文化作为创意元素的广告数量在近几年呈现上升的态势，广告与星座的创意结合也越来越巧妙，星座文化也渐渐从大众文化转变成了带有商业营销传播元素的流行文化。某酒店 2011 年打造的系列微电影"××酒店十二星座"，在微博、门户网站和视频网站同时播出，每周更新一部。12 部微电影上线后不久，累计播放量就超过 5 000 万次，微博转发次数超过 100 万次，引起了广泛关注。该广告以十二星座男生的

---

① 来源于新浪星座，http://astro.sina.com.cn/v/2010-12-21/110970347.shtml。

情感特征为主题，通过他们在伴侣面前的表现，将各星座男生的特点做了幽默夸张的总结——如"被动只是另一种主动"的巨蟹座、"气势是关键"的狮子座、"创新实践家"的水瓶座等，并且让每个故事都在该酒店内展开，将星座文化和产品卖点巧妙结合在一起。

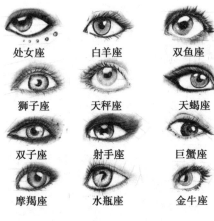

图 6-6 十二星座眼妆图

时尚彩妆网站××网于 2011 年打出"让星座密语在你的眼妆上尽情展现！"的标语，推出了艺术家 Slaughterose 根据星座创作的十二星座眼妆系列（图 6-6），概括了十二星座的眼型和最适合的眼妆，并根据每款不同的眼妆来介绍相应的眼影产品。网站指出各星座的气场和小宇宙都不相同，妆容运势也暗含玄机，并针对各类星座的个性，如水象星座的细腻、风象星座的理性、土象星座的稳重、火象星座的活力等，推测该星座最喜爱的眼影色彩和眼妆，为之搭配或调和相得益彰的色彩及图案。商家宣传的眼影颜色、造型与星座是否真的相关暂且不说，光是这个标题噱头及五彩缤纷的彩妆图，已足以吸引少女的眼球。这样的创意背后是独具个性的差异化推介，而这正迎合了现代社会里崇尚个性的时尚人士。

优雅是天秤座的代名词，天秤座的人可以说是十二星座中最爱美、最注重外表、最注意形象的。紫色和宝蓝色代表的就是浪漫与优雅，所以这次的眼妆运用了紫色和宝蓝色。

巨蟹座的鱼尾妆，不浮夸，淡淡一抹蓝的婉约，几点碎钻就像点点繁星照亮宁静的家的港湾，就像巨蟹座的性格一样，温柔、爱家。心里装着我爱的和爱我的人，希望这一抹蓝能蜿蜒成直达心底的清凉……

摩羯座是十二星座中最有耐心，为事最小心，也最善良的星座。他们做事脚踏实地，也比较固执，不达目的是不会放手的。他们的忍耐力也是出奇的强大，同时也非常勤奋。他们心中总是背负着很多责任感，但往往又很没有安全感。这么内敛的人，就选择一抹亮丽的颜色——红色打底吧！①

（有删改）

以上是不同星座年轻女性在网站上分享星座彩妆的心得，并用步骤图片配以文字解说，详细说明星座性格与色彩的关系。同时，网站也为读者尤其是青年女性介绍不同品牌的彩妆产品，让女性在关注星座文化的同时，也能记住产品的名称和特性。越来越多的商家认识到，在传播带有星座文化的商品时，采取一定方式与受众互动沟通能提高他们的

图6-7　某品牌"星座抱抱团"有奖投票活动

---

①　来源于第一星座网，https://www.d1xz.net/astro/Capricorn/。

积极性、参与度,加深他们对品牌的认识。虽然星座文化自身具有一定的吸引力、话题性和互动性,但通过一定的欲望刺激,更能取得消费者持续的关注度和参与度,一些商家把有奖参与作为一种有效的营销方式。例如某品牌利用星座话题吸引受众关注,在人人网上开展为自己的星座有奖投票的活动,网络参与行为也受群体归属感和从众观念影响,受众受抽奖刺激,主动参与和关注活动,最大限度地调动了投票积极性,也有效地传播了品牌商业信息(图6-7)。

4. 新媒体宣传

在传播媒介中,网络凭借其空前的信息量、及时互动的沟通模式,在星座文化的商业传播中承担重要的角色。而新媒体的加入更是加深了星座文化商业化的广度、深度,传播活动具有高度的受众互动、参与性。新媒体与其他传统媒体最大的区别在于增强了受众的互动性、参与性,如受众可以点击网页互动广告进行互动和信息反馈,可以在网络视频广告下的留言板进行留言互动,甚至转发分享该视频广告等。同时,星座文化本身内容的话题性也非常强,形式和内容相结合,实现"1+1>2"的传播效果。

如此庞大的粉丝群体和热烈的讨论氛围,都印证着星座文化在新媒体时代的活力和传播效力,而这种效力也为商家所看重,进而选择通过新媒体来进行相关的星座商业活动。

2011年某品牌冰箱的官方微博发布了该品牌冰箱的十二星座速配日记(图6-8),根据分析十二星座不同的性格特点并结合该品牌冰箱的产品特点,来向用户推荐不同款式的冰箱。此举在迎合年轻消费者喜爱星座的心态之外,更是巧妙地将星座文化和产品特点结合在了一起,既吸引了消费者的注意,营造话题,又全面介绍了该品牌冰箱的系列产品。新媒体的发展,也便于受众主动二次传播,例如微博的点名"@"功能,能够使受众轻松快速地将信息传递给他想传递的人,转发、分享等功能更是让受众能够将信息传递到更广的范围。商家正是看中星座文化的话题性和互动性,利用巧妙的构思、精妙的创意和便利的平台,实现受众对星座文化商业化的二次传播。

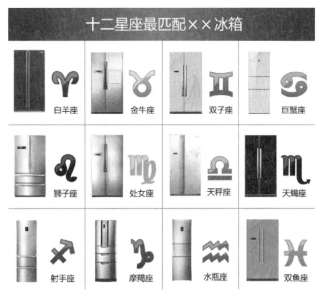

图 6-8 十二星座最匹配××冰箱

在上文提到的某品牌"星座抱抱团"活动中,活动第一阶段,某品牌发起以"寻找人人网最大势力星座团体"为名的活动,通过社交网络的好友关系,鼓励用户带动自己同星座的好友至活动页面,为自己的星座投票,进行"抱团",并以人人礼券作为奖励,激励线下已购卡用户进行线上激活以直接提升激活率。第二阶段,以"寻找人人网最具眼力星座团体"为主题,鼓励用户邀请同星座的好友至活动页面进行找碴游戏。统计人人网眼力最佳、成功完成最多找碴游戏的星座团体,并以类似于第一阶段的方式向用户赠送积分,引导其了解会员优惠内容,最终实现激励其购买并激活会员卡。

社交网络独特的传播机制,在用户中形成高密度、大面积的覆盖和强化,两期活动结束后该品牌会员卡购卡量由 217 034 提升至 251 396;整体购卡率提升 15.8%;通过"星座抱抱团"活动引导激活会员卡 7 237 张。

5. 星座娱乐营销

在当今这个娱乐盛行的年代，一个企业不通过娱乐增加与消费者之间的沟通交流，很快会被社会前进的车轮碾碎。某汽车品牌就将品牌的营销与备受大家吐槽的"处女座"结合起来，用星座的娱乐化色彩为产品注入情感因素，与消费者产生情感上的共鸣与互动，成功吸引众多购买者，是一个"娱乐营销3.0时代"的经典案例。

图6-9 ××汽车的媒体广告①

××汽车于2012年8月23日上市，这个日期正是星座划分中"处女座"的第一天。该汽车公司为这款汽车撰写的媒体广告语"8.23处女座驾到 要完美 不解释"（图6-9）将产品与星座联系起来，引发大家强烈的好奇心，网友纷纷在微博和微信上进行转载。处女座是公认的最挑剔也最追求完美的星座，这则广告突出了这款汽车"完美"的特征，力图为消费者带来"完美"品质的享受。这次处女座娱乐营销，将追求完美的处女座性格特征融入品牌的宣传，实现了营销上的创新。

2014年7月，某网站与某保健品牌联合发布了一则"体验师"招聘广告（图6-10），该招聘信息登上了纽约时代广场的巨大电子屏，被网友盛赞"为处女座平反"。在时代广场巨大电子屏的明黄色背景下，"处女座崛起""了不起的处女座"等字样不停变换。这则"奇葩"的招聘广告吸足了众多网友的眼球，被不断转载。企业结合星座的"另类营销"，是利用特

---

① 图片来源于 http://biz.ifeng.com/auto/special/langdong/zuixin/detail_2014_08/22/2812874_0.shtml。

殊星座的全球关注度，迅速让招聘信息广而告之，可谓高招。这也让处女座追求完美的"挑剔""纠结"性格变成一个优点，不仅容易受到处女座的人的关注，也让其他星座的人会心一笑，达到传播的目的。

图6-10　"奇葩"的招聘广告①

6. 星座书籍

出版商在星座迷热衷于星座占卜、参考运势的生活习惯里，同样发现了商机，越来越多的星座专栏作者如女巫闹闹、星座小王子等被邀请写作图书。值得一提的是美国占星大师苏珊·米勒，不仅她作品的中译本在中国卖得火爆，连她在网络发表的文章也结集出版，登陆各大书店，成了学生和白领的心灵伴侣。

市场上除了讲解星座个性、运势的书外，还有一批将生活、职场等更为实用的信息与星座相结合的图书。如远方出版社的《12星座人性攻略》、广西师范大学出版社的《星座改变命运》、中国经济出版社的《星座帮你做销售》、经济管理出版社的《12星座智商·情商互动思维游戏》等，将星座文化与消费文化建立联系，吸引更多的读者对星座学说感兴趣，从而产生购买力，也让图书跻身畅销书行列。

一些青年还不满足于星座对人性千篇一律的解释，他们将注意力转移到不同星座在面对不同生活境遇时不同的心态和表现，于是星座小说应运而生。在百度搜索"星座小说"，出现

---

① 图片来源于http://www.ad-cn.net/read/2060.html。

相关结果上千万个,如《十二星座公主的爱恋》《星战士传说》《十二星座搞怪生》《双鱼星人的校园生活》等。花色的封面和神秘的书名,吸引着初高中文化的青少年读者的阅读兴趣,这些小说以十二星座或某个星座在校园、都市中发生的故事为主题,描写爱情、魔法、玄幻等故事。虽然大多数小说只是在爱情、玄幻故事上披了一层星座的外衣,但是读者在阅读小说的过程中,还是潜移默化地接触到了星座文化,代入了星座性格。

图 6-11 为百度推荐的星座小说,按推荐人数递减顺序排序,并详细地划分为玄幻、都市、言情等类别。小说的封面都

图 6-11 百度推荐的星座小说

为色彩鲜艳、注重美感的漫画绘画风格，绘有精美的星座卡通形象，很能在众多书籍中一下子夺人眼球。

在笔者接触的数10名高校学生访谈对象中，女生均表示在初中、高中时接触到过星座小说，有些是由同学推荐或在广告中看到后，主动去书店购买的长篇小说，有些则是翻阅校园杂志或少女读物时碰巧读到的短篇小说，而男生无一例外地表示没有接触过。可见，星座小说对于青少年女性有更强的吸引力。融合了天文知识、占星知识，辅之以天马行空的想象语言，星座小说满足了涉世未深的青少年对未知世界的奇妙幻想，尤其是少女对神秘事物、对爱情的向往。并且，相较于男性而言，女性更偏爱言情类、魔幻类的小说，星座文化也更容易与此类题材相结合。

另外，还有星座电影、电视剧和综艺节目。例如《十二星座离奇事件》《我是处女座》等星座电影，以及《红十字星座》《星座方程式》等电视剧。

二、星座文化商业化的特征

1. 强化心理、性格等要素

能够吸引受众注意、满足受众心理需求并能够和受众良好沟通的传播活动，才能达到商业目的。星座文化能够从心理层面上关照青年的内心，帮助表达情绪，提供困难解决方案，在很大程度上引起了青年的共鸣并获得认同。由于青年在接触世界的过程中，感性认识大于理性认知，因此，星座文化的商业传播强化了心理、性格等要素，着力展现十二星座面对一个共同话题的不同性格特点、心理活动、情感认知和行为表现。

在当今激烈的商业竞争环境中，快速准确地定位目标市场对于商家来说十分重要，准确而有效的市场细分就成了制胜关键。某品牌茉莉清茶于2010年推出的十二星座系列广告"清蜜星体验"（图6-12），利用星座定位吸引消费者，它以十二星

图 6-12 某品牌茉莉清茶十二星座广告

座的爱情告白为故事主线,将年轻人具有的星座特质和该品牌茉莉清茶的爱情主张一一对应,呈现在观众面前。广告并不着重介绍产品特点,而是重点描述了十二星座的青年男女面对爱情难题时充满个性的处理方式,还针对不同星座的性格特点给出了相应的爱情小建议。这种强化了心理、性格等内容要素的星座广告,既关照了青年群体需要被人认同而又追求个性的心理,同时又回避了硬性推广所带来的消费抵触,形成与消费者良好的沟通,得到较好的传播效果。

2. 有机融入文化元素

一方面,星座文化本身很容易与不同文化元素相融合,特别是以爱情、友情、职场、节日等为青年族群所关注、热衷的时尚文化元素。并且星座文化自身所包含的内容非常丰富,除了对不同星座人格、性格的描述之外,还有对未来的预测、对人处于不同境遇时的建议、星座爱情速配建议、适宜星座生活的小指南及各类星座测试等,这些不同的方面都可以与不同的文化因素产生关联,例如星座文化对未来的预测便可以与节日文化相融合。

另一方面,任何商业活动都希望实现传播范围最大化、经济效果最优化,这就需要将能够制造受众关注与认同的因素运用到传播中来。在与星座融合的文化元素题材中,以星座文化与爱情的融合最为频繁。具体而言,是将爱情中例如暗恋、表白、恋爱、求婚等不同元素与十二星座性格描述、星座的速配建议等内容相结合,在"爱情"这一大话题中展现十二星座不同的个性与魅力。例如前文所提到的某品牌茶饮料的十二星座表白广告、某酒店的以十二星座男生情感特征为主题的微电影广告,都是星座文化与爱情题材有机融合的代表作。

迪克·赫伯迪格在讨论青年亚文化时强调,流行时尚是青年人创造的,并且一种新的流行时尚的创造总是和市场及商业紧密联系在一起,"亚文化通过商品来传递信息,虽然依附在那些商品上的意义被有意地扭曲或抹除了。因此,在这种情况下,很难在商业的剥削和创造性/原创性之间划出一种绝对的界限,尽管这些范畴在大多数的亚文化价值体系中显然是相互对立的。事实上,一种崭新的风格的创造与传播,无可避免地和生产、宣传与包装的过程密切关联。这必然会抹杀亚文化的颠覆力量,不论是摩登族或是朋克亚文化的创新,都会直接反馈到新近时尚和主流时尚中去。每一种新的亚文化都会发展出新的潮流、新的款式和音乐,而它们又会反馈到相关的产业中去"[①]。同样,青年人在我国星座文化的流行中发挥着举足轻重的作用。青年群体生理与心理的固有特征,使其对时尚有着本能的敏感与渴望。星座文化可以被视为一种特有的"青年时尚",符合青年人对流行时尚和品味的需求。星座结合不同的文化元素、消费模式,以新颖的创意、丰富的内涵一直走在时尚消费的前沿,自然使得广大追逐时尚的青年"趋之若鹜"。

商品符号与身份认同

青年亚文化群体渴望找到同类,找到属于自己的集体风格,这既是青年人在青春期的心理特征,也是现代社会自我认

[①] 迪克·赫伯迪格.亚文化:风格的意义[M].陆道夫,胡疆锋,译.北京:北京大学出版社,2009:117.

同危机突出的表现。近年来,"星座"在中国的社会中,似乎已成为人们交谈和身份表征的一部分。星座文化详细划分了十二星座的人格个性,对每个星座的心理也有深入的分析阐述,这些分析论述对于受众的自我定位和内在认知具有一定的导向作用。并且星座文化的受众主要是青年人,星座文化这种提倡个性的描述就会去迎合青年人追求独特、讲究个性的心理需求。而这种追求个性的心理在一定程度上反映到了青年的生活态度和行为模式上,甚至也明显影响了其消费行为。

星座文化的十二星座划分,将星座爱好人群区隔成十二种不同星座类型的群体,星座爱好者会在心理层面上对和自己星座相同的人群产生一种天然的归属感和亲切感,同时与属于其他星座的人群产生区隔。这种区隔恰好丰富了市场细分的维度,商家可以根据星座爱好人群自身的特征,并结合自身产品特点来制定新颖有效的市场营销策略。

一、消费者对于符号价值追求的兴起

现代消费社会的特点是从"物的消费"过渡到"符号消费",消费者不再满足于商品的物质性价值,而开始关注商品背后所象征的含义。"符号消费"是消费社会的核心概念,消费方式也成为身份认同的重要手段。波德里亚认为,商品不仅具有使用价值和交换价值,而且具有符号价值。消费者通过消费这些"符号"获得了超出产品使用价值之外的符号价值,并得到心理上的满足感。在消费社会中,物质消费转化为一种意识形态意义上的美学消费,消费者不是以需求为媒介,而是以新奇性、话题性、意义性等符号为媒介进行消费。①

在今天,消费越来越成为青年自我表达的主要形式和身份

---

① 波德里亚. 消费社会 [M]. 刘成富, 全志钢, 译. 南京: 南京大学出版社, 2000: 5.

认同的主要来源。一句流行的广告词"I shop, therefore I am"（我购故我在）点破了消费的奥秘。青年的消费活动围绕着自我认同进行，青年消费什么、怎么消费，实际上体现了青年人对自我个人形象、社会角色和群体感受的身份定位。

商品正是借助于各种媒介信息、流行时尚和消费空间，淋漓尽致地表达其符号意义，使消费者依附于广告的符号系统。同时，消费者也是通过对各种商品信息、流行时尚及消费空间的不断占有而实现其对商品意义的解码。人们不仅成为消费的奴隶，也成为现代传媒的奴隶。现代传媒还是消费符号的直接生产者，任何信息借助现代传媒的功能都可以被转化为符号，都可以蜕变为消费的物品。①

青年亚文化群体往往是新媒介最早的一批追逐者和消费者，微信、微博、智能手机和各种网络新媒介的流行，都和青年群体的积极消费分不开。青年人往往最先、最快接触和购买、使用这些媒介商品，并借助于这些媒介商品创造出自己的娱乐和流行文化形态，而他们创造的流行亚文化又可能成为其他青年群体的消费品，然后越来越普及，甚至发展成为社会的主流文化。

与其他新兴的青年亚文化一样，今天在新媒介空间里大量出现的星座文化，也是消费社会的产物，它们与商业紧密联系在一起。星座商品广告通过产品丰富的"幻影"、动人的语言、优美的星座形象，促使每个人对物化社会产生欲望。

我国消费大环境从物质消费走向符号消费，也是星座文化在我国商业化传播的大背景。星座商品便是在这种背景下，为特定的目标消费者设定的、与消费者喜爱的意义相结合的商

---

① 黄波．鲍德里亚符号消费理论述评［J］．青海师范大学学报（哲学社会科学版）．2007（3）．

品，星座迷看重的正是其符号价值而非使用价值。通过使用带有星座标记的商品，青年人的星座性格得以彰显，他们也很容易跟具有相同星座趣味的星座迷找到共同的群体归属。

二、青年身份认同的两个层面

身份认同构成了青年符号消费的主要目的和意义。亚文化指向的青年符号消费更多作为身份认同的资本，他们通过对主流话语的排斥来彰显自我成长中独立的价值诉求。亚文化属性的青年符号消费追求的是内在性的认同，符号消费载体对他们而言，更多的是一种身份认同的道具，通过这一道具，他们得以展示其内心独特的精神世界与人格形象。因此，以亚文化为取向的青年符号消费及其身份认同，更看重消费对象所蕴含的历史传统、文化内涵及现实意义等深层次的价值属性，以及这种价值属性对于其证明自我、表现自我的实质性意义。这部分青年醉心于商品符号价值的深度挖掘、强调自我生活方式与审美趣味和商品象征意义的内在联系，突出风格在身份认同方面的重要作用。

青年在符号消费中的身份认同诉求主要包括个体认同和社会认同两个层面。

1. 个体身份认同

消费方式的选择首先是一个自我内部认同的问题。个人首先要在内心确认"我是谁"，才能在此基础上决定自己的消费行为。个性和时尚是一种自我符合感，是通过消费方式的个性化来使消费者获得个体归属感，从而实现身份建构和维持。在社会情境中，青年通过与他人的比较、区分，希望在与其他人的区别中认同自我、实现自我。用弗洛伊德的人格理论来看青年的星座消费行为，星座物品是青年人格的象征，个人在意识领域的消费行为是个人无意识的人格形象的外化，青年会在日常消费中，将自己对星座文化的印象不自觉地投射到购买行为上。

2. 社会身份认同

具备某一群体的共同特征也是定位身份的重要方式，个人必须在社会化过程中获得群体特征才能获得归属感，社会身份的认同帮助个体解答"我在哪里"的归属性问题。而社会身份是群体成员对共同形象的认同，解答的是"我们是谁"的问题。

符号消费作为一种新的集体意识，在群体认同上对青年的社会认同意义重大，相似的消费方式也是群体身份认同的重要手段。各种层出不穷、花样繁多的符号已经构成青年群体相互沟通、彼此辨认的重要方式。

一方面，对某种消费风格的共同拥有，是青年群体得以互相辨识的重要外在标志，也是青年相互认同的内在价值。星座文化把青年细分为十二个类型，让他们标示出与生俱来的不同于别的群体的天然个性，又有自己所属的某个"小团体"，符合了青年既追求特立独行又害怕被孤立的心理特征。用印有星座标志的小物品来为自己"贴标签"，既能标示自己与他人的不同，又能获得同一星座群体的接纳与亲近。

另一方面，同辈群体的消费方式也会深刻影响个人的具体消费行为。除了这部分主动消费星座文化来标榜自己的青年外，还有一部分青年是被动地卷入星座消费中的。在笔者的调查中，近一半的受访者表示，他们关注星座文化是受到身边同伴的影响，在各式各样的星座消费前，他们也会为了获得同伴之间的共同话语及认同感，而产生同样的消费行为，这种"求同"的心理，也是星座时尚流行的重要的心理条件。

星座文化的娱乐化

　　这是一个娱乐至死的时代，娱乐精神已成为一种时代风向标。当今社会的发展节奏越来越快，社会竞争愈加激烈，每个人生活、工作等各方面的压力越来越大，人们需要欢乐和放松的心情，来慰藉自己疲惫的灵魂，于是娱乐消费、休闲消费应运而生。闲暇时间需要轻松愉快的流行文化来为生活增添乐趣，它渗透进社会生活的方方面面，为迷茫的人指点迷津，为无聊的人提供消遣。在当今消费社会娱乐化的趋势之下，为了能够更好地迎合消费者并达到最优的传播效果，星座文化的商业化也呈现出越来越明显的娱乐化特性，使整个营销活动充满趣味性、吸引力和话题性。星座文化在传播中出现了一股将西方星相学简易化、普及化和娱乐化的风潮，娱乐大众的功能越来越强。

　　例如，自 2013 年 8 月初起，全国上下刮起了一股"黑处女座"的狂潮，在微信、微博、贴吧上，随处可见对处女座的调侃和挤兑，针对处女座易有的"强迫症"，网络上出现一系列带数字的头像、打不开的图片、不对称的画面等"玩死处女座"的招数，让"处女座"一度成为网络搜索、传播的热词，"逼死处女座头像"更是在一夜之间席卷微信，成为广大网友竞相使用的头像。

　　从娱乐性来看，星座文化源自西方星相学，原是西方非主流的亚文化，它以神秘多变的形式和丰富又贴近生活的内容，吸引着越来越多的青年体验并认可。星座文化的趣味性和娱乐性，使得它在中国已成为一种时尚，并演化为一种广为传播的流行文化现象。

　　从消费角度来看，随着星座文化进一步演化为一种商业文化，其商业利益被不断开发，形成了"星座—产品—受众"的联系。形式新颖、内容有趣的星座知识及文化创意产品，如十二星座专卖配饰、星座工艺品、星座手表、星座漫画书、印有星座的T恤等已形成了一系列产业，受到追求个性的青年群体的青睐，星座文化甚至已从小众的亚文化转变为能带来广泛经济效益的大众文化。

一、淡化迷信色彩

当然，星座文化并不是西方星相学的原版复制，在商业化、娱乐化过程中，它呈现出了淡化占卜迷信色彩的特点。自20世纪80年代传入中国以来，星相学与中国本土文化不断融合，在媒介传播过程中逐渐"改良"，从西方缜密的、以占卜与预测为主的星相学，逐渐发展为内涵丰富、带有娱乐性质的星座学说，甚至成为标志时尚与流行的星座文化。香港、台湾地区及祖国大陆各种传播媒介的启蒙、嫁接、加工作用，让"星座"这一概念在中国已经远远超出了占卜方式本身，发展成为体系完备的星座学说，甚至在各种媒介中形成了独特的"中国星座文化"[1]。

究其原因，主要有以下三点。从传播者角度来说，去除晦涩艰深的星盘解读等占卜内容后，星座文化的商业化传播内容更加通俗易懂，便于扩大传播的广度。从受众心理需求的角度来说，一部分青年追求个性发展、人际交往、消遣娱乐的需要超过了占卜未来、预测前程的需要，所以星座文化必须迎合青年，着重传播能够契合他们心理需求的传播内容。从星座文化自身角度来说，传统西方的星座学说的核心，是将不同的星座按照不同的星体排列顺序而制成星盘，根据星盘进行分析，预测不同行星的运动变化对人们带来的影响，具有明显的天文观

---

[1] 侯琼. 论中国"星座文化"的形成与传播 [D]. 北京：北京大学，2007.

测性和占卜性。而在我国传播过程中逐渐改良的星座文化，以十二星座人格个性的描述作为核心内容，在占卜内容中也倾向于更符合青年娱乐需求的爱情主题，并将十二星座的独特个性作为创意点来生成不同的广告创意与广告内容。

二、商业传播的娱乐化

要想在商业浪潮中立于不败之地，不仅产品本身要具有娱乐和休闲性质，还需要营销活动的助推。那些有趣的、独特的、具有娱乐精神的营销活动，更能帮助赢得消费者的青睐，于是越来越多的商家在商业传播的过程中，注重将娱乐元素与营销活动结合，使得娱乐营销盛行。

商家将十二星座趣味游戏、十二星座趣事等带有娱乐特质的星座文化植入商品广告里，以"戏说十二星座"为卖点吸引受众，将商品内容与星座文化相融合，把整个星座文化商业活动过程当成一次娱乐活动体验。例如前文提到的某品牌"星座抱抱团"营销活动中的找碴游戏"十二星座眼力大考验"，青年在轻松、愉悦的游戏氛围中不知不觉接受了该品牌会员卡的服务信息，而商家也在办理会员卡的同时收获了客户的星座信息，便于后期更有针对性地展开营销活动。

而星座网站利用青年人喜欢流行时尚、爱娱乐的心理，创作出一系列带有星座元素的文字、图片，用性格特征强烈又笼统的词句，描述出十二星座在遇到各种情境下的有趣反应，吸引青年来对"星"入座。在传播方面，星座网站调整了占卜内容和娱乐内容的比例，尽量减少迷信色彩，用趣味性迎合以娱乐为上网目的的青年群体。在接受方面，随着受众年龄的增长、知识和人生阅历的增加，对星座的言论也思考得越发理性。中国传媒大学学者陈锐在调查大学生的星座接触态度后发现，大学生对于星座预测的准确性并没有过分的追究，而将其当作茶余饭后、学习之外放松心情、开解烦恼的一种娱乐。①

许多星座网站在介绍星座相关的信息时，还会放上与各星座相关的笑话、趣图，这让原本不相信星座学说的读者，也容易被精彩图片、幽默笑话吸引，潜移默化中成为星座文化的受众。许多星座网站上将"十二星座耍酷失败"等轻松有趣的图集和"十二星座旅行推荐指南"等娱乐休闲建议作为网站布局的重要娱乐部分。在腾讯星座的首页（图6-13），页面顶端分

图6-13 腾讯星座网站主页截图②

---

① 陈锐. 大学生星座文化接触行为研究：消费文化下的青年时尚透析[C]//中国传媒大学研究生院. 中国传媒大学第三届全国新闻学与传播学博士生学术研讨会论文集. 北京：中国传媒大学国际传播研究中心，2009：293-303.

② 网页地址为http://astro.fashion.qq.com/。

类中运势大全、风水命理和塔罗三项与占卜有关,而其余的心理测试、爱情、论坛等内容均带有娱乐性,今日星事栏目中《咋让12星座老板加薪》《泡菜剧般的星座组合》等标题就带有强烈的娱乐、调侃性质,图片左上角"《爸爸去哪2》宝贝星座解析"更是将星座与明星娱乐新闻结合,利用当时最火的综艺节目和明星的影响力巧妙地制造星座话题。

在新浪星座"十二星座耍酷失败"图集(图6-14)中,作者用一句话概括了各星座的性格特征及失败原因,如"狮子座:快为我喝彩!掌声在哪里!""白羊座:我可是肌肉型男呢!""水瓶座:就是这么酷炫!"每幅动图结合一句精准的描述,既贴切又带有调侃性质。这种抛开了占卜吉凶而提供更多娱乐休闲内容的星座文化,为读者在紧张工作之余带来了放松和快乐。而星座文化主要的新媒体传播途径如微博博文、微信平台等也都具有娱乐休闲性质,让读者能够以彻底放松的心态接受星座文化的传播。

图6-14 十二星座耍酷失败图集①

还有网友自发绘制的十二星座漫画,例如,流传颇广的"十二星座喝醉酒后"趣图。漫画中,十二个星座小人均没有脸部表情,由眼睛部位的星座符号代表该星座人群,以嘴部的

---

① 图片来源于新浪星座,http://slide.astro.sina.com.cn/slide_52_42283_31399.html#p=1。

动作和脸上的红晕表示他们的心情。漫画将每三个相连日期的星座设为一组，通过他们可爱的动作，或冲动或萎靡的表情及酒后的语言，把十二星座醉酒后的状态具象化，同时也概述了各星座的不同性格及平常的状态，让人忍俊不禁。漫画还被网友配上对各星座醉酒后的简单描述及性格解说，如脾气不好的狮子座会摔东西，说道"我才不服呢"，而双鱼座则会手舞足蹈地高唱"我是一只小小鸟"。解说还基于性格的缺点提出劝告，指导各星座在酒桌上的礼仪、注意酒桌文化，比如鉴于白羊座性格豪迈，有"激情难耐，到处挑战，找人灌酒"的缺点，"往往由于喝得太high而闹得大家头疼，搞砸了桌上的氛围"，告诫"白羊座的人要好好控制自己的喝酒量哦"。

  白羊座：继续喝。豪迈的白羊座，一上桌就先干为敬，来者不拒，非要喝个痛快，咕咕咕……三杯下肚后，便激情难耐，到处挑战，找人灌酒。若有不喝，那便是不给面子，不讲情分。结果己醉人醉，可仍无退场之意，而且喝醉了还狂喊："我没醉，继续喝继续喝！"白羊座是酒桌上的活跃分子，可以起到热场面的作用，可是往往由于喝得太high而闹得大家头疼，搞砸了桌上的氛围。所以白羊座的人要好好控制自己的喝酒量哦！[①]

  金牛座：睡觉去。跟金牛座的人喝酒是最沉闷的，无聊得要死，不言不语好像一个人喝闷酒。沉默不语就是金牛座在酒桌上的经典写照，跟白羊座截然相反，别人不来招惹他们，他们就绝不举杯凑那份热

---

① 小丸子. 白羊座喝醉酒后什么样？[EB/OL].(2012-08-13)[2018-10-28]. http://www.d1xz.net/astro/Aries/art23481.aspx.

闹,只管低头品尝桌上的美味佳肴。碰到好酒,也只静静品上几口,决不让酒精夺去味觉,不然简直不可原谅,因为对于美味,金牛绝不愿做暴殄天物之人,他们懂得享受食物,懂得把握分寸,万一真的喝醉了,就乖乖自己睡觉去。①

双子座:搭讪。双子座的人天生口齿伶俐,可以把死马说成活马,老鼠说成凤凰,被他敬酒不如说是被他罚酒,他送出去的每杯酒都有套漂亮的说辞,一般情况下别人很难在其三寸不烂之舌下逃过被敬或被罚的命运,几轮下来被放倒的人一个接一个,他们觉得这样很有成就感。当然,双子座的酒量也不是很好,也会醉。但是他们醉了别人就更惨了,因为他们会不断找人搭讪,用各种理由让你喝。让你不得不一杯杯烈酒下肚。②

巨蟹座:喝醉会哭。巨蟹座在饭桌上属于很安静的人,与人饮酒时,哪怕喝得再多,也不大放厥词,哪怕再能喝,也不自夸。醉后酡颜浅笑,让已醉或未醉的人忍不住逗趣,那是因为他们还清醒着,保留着性格里的腼腆。如果他们醉了,会完全像变了一个人似的——大哭。压抑在他们心里的某种情绪因为酒精而彻底爆发,他们借着那种飘飘然的感觉发泄平日里小心翼翼的心情。③

狮子座:摔东西。狮子座跟白羊座不一样的是,

---

① 小丸子.金牛座喝醉酒后什么样?[EB/OL].(2012-08-13)[2018-10-28]. http://www.d1xz.net/astro/Taurus/art23482.aspx.

② 小丸子.双子座喝醉酒后什么样?[EB/OL].(2012-08-13)[2018-10-28]. http://www.d1xz.net/astro/Gemini/art23483.aspx.

③ 小丸子.巨蟹座喝醉酒后什么样?[EB/OL].(2012-08-13)[2018-10-28]. http://www.d1xz.net/astro/Cancer/art23484.aspx.

狮子座的人不会一直逼人家喝,会很大气,"我先干,你随意"的话时常从他嘴里蹦出来,别人喝多少他们并不强求,逼着人家喝那太没意思,既然是敬,那么自己总是要喝得更多。推杯换碗,摔碗换坛,喝到高潮处,少不了豪言壮语,牛皮吹得越大,酒也喝得越起劲,最后也就无法控制,就醉了。醉了的时候可能会摔东西,那脾气没人抗得了,可能会把酒瓶子摔了,桌椅摔了,盘子摔了,最后把自己也摔了。①

处女座:胡言乱语。处女座本来就爱唠叨,喝酒后却一反常态,一开始由于装淑女或者绅士,寡言少语,别人有问才有答,别人敬酒便双手举杯少抿一点。待不得不应酬的敬酒越来越多时,头脑发昏,到微醺状态,冲动与激情就难以置于理智的控制之下,喝到high时,便不管不顾痛斥社会上不公平的事,狂批朋友私生活的不检点等,胡言乱语,不堪入耳……言语的不管不顾不忌讳足以让在场喝醉之人脸色由红转青。②

天秤座:醉了也很正常。饭局上全场最淡定的就是天秤座了,他们习惯于各种饭局酒桌晚会聚会,对于这种场面已经应付自如,别人的面子不能不给,该敬酒的时候还是得敬酒,该喝还是得喝,但酒后的形态也不得不顾,天秤座喝酒很少直接干,而是慢慢品细细酌,边推杯换盏,边谈笑风生,不多劝别人,也不为难自己,在愉快中开始,也愉快地结束。就如古

---

① 小丸子.狮子座喝醉酒后什么样?[EB/OL].(2012-08-13)[2018-10-28]. http://www.d1xz.net/astro/Leo/art23485.aspx.
② 小丸子.处女座喝醉酒后什么样?[EB/OL].(2012-08-13)[2018-10-28]. http://www.d1xz.net/astro/Virgo/art23486.aspx.

人所说"酒饮微酣处,花好半开时",所以喝醉后仍然还是很正常,大家几乎看不到他们失态的地方……①

(有删改)

彻头彻尾地娱乐化后,这类星座传播就是作为让人看过即忘的消遣品,读者不会苛求星座的描述是否准确。即使内容夸张、言过其实,也会一笑置之。

三、以综艺节目为载体

如今,娱乐产业发展迅速,娱乐化更是电视节目发展的趋势,我国迎来了"全民娱乐时代"。在这样的时代大背景下,"偶像""明星"备受大众追捧,综艺娱乐节目更成了大众娱乐生活的重要部分。

星座文化传入中国后,香港、台湾地区出现了一批以分析星盘、人格和预测命运为主的星座专家,以嘉宾、客座讲解等形式出席综艺娱乐节目,他们以中国传统算命的星座视角和占卜方式,提供生活各方面的建议,为节目吸引来大量观众。此外,在娱乐业相对发达的香港、台湾地区,各个明星的星座也成了大众关注的焦点,星座专家也经常通过星座星象来分析某明星的星运、绯闻,并以他与其他明星的关系为例,来解释说明不同星座的相斥相吸。这些聚散离合的故事,被专家用"星座"演绎得颇有道理又令人耳目一新,颇受追星族的关注和欢迎。

如台湾地区的《娱乐妙妙妙》节目,在娱乐话题中经常邀请号称"亚洲星座王"的陈谦之进行讲解,分析当前知名人士

---

① 小丸子. 天秤座喝醉酒后什么样?[EB/OL].(2012-08-13)[2018-10-28]. http://www.d1xz.net/astro/Libra/art23487.aspx.

的星座特征，包括对爱情、职业、性格甚至虚伪程度等方面的解读，并给出相关的建议。还有一些专门的星座综艺节目，如台湾地区的《开运鉴定团》，不仅邀请知名的星座命理老师主持节目，还常常邀请各星座的代表明星来当嘉宾出席节目，明星效应和娱乐话题，是节目收视率居高不下的法宝。

香港、台湾地区娱乐节目在祖国大陆的兴起，让星座文化迅速在祖国大陆的娱乐节目中流行。《星座棋谈》是祖国大陆打着"星座"旗号的娱乐节目。该节目号称中国首档明星星座脱口秀，先后邀请了贾乃亮、袁姗姗、秦岚等11位当红明星。主持人"星座女神"莫小棋利用星盘，条理清晰又深入浅出地分析了嘉宾的星盘星象，先讲解嘉宾所属星座的性格，再分析其过去交往恋人的星座，最后结合嘉宾的星座运势，在交友方面给予指导。节目把星座作为访谈的切入点，尽可能多地呈现嘉宾不为人知的其他性格。在主持人犀利话语的轰炸追问下，众多嘉宾纷纷吐露出他们过往的神奇经历或内心的大胆想法，且这些内容往往也会与星座相结合：双鱼座的袁姗姗坦承自己会自卑，白羊座的奶爸贾乃亮更称自己有过"把家里东西都砸光"的暴力想法……不光阐述过去，莫小棋还利用星盘预测了袁姗姗的结婚日期等。

该节目自2014年5月2日开播以来，内容开放、劲爆，到访嘉宾又堪称"重量级"，播放量居高不下。观众在为明星情感生活长吁短叹的同时，也乐于看到明星在面对弱点、隐私曝光时惊讶或尴尬的表情。通过"分析星座"这一另辟蹊径的方式，很多观众看到大咖们平常不会展露的一面，跟随着主持人精准的分析，观众似乎也更能"看透"嘉宾。节目播出后，星座判定性格的说法也曾遭到社会质疑，但很多铁杆观众表示，虽然市面上各类明星访谈也不少见，但是从"星座"角度切入是头一回见，"反正都是图一乐"。

在百度网页中搜索"星座棋谈",相关吸引眼球的新闻比比皆是,如《星座棋谈:"女王"对对碰,秦岚爆料范伟酒量差》等。从中可以发现,《星座棋谈》只是以星座为噱头,挖掘的还是明星背后的故事,观众借助"星座"这一特殊视角,观看的实际上还是明星的绯闻、经历和个性。节目努力制造嘉宾、主持人与荧幕下观众的狂欢,满足观众自身的娱乐需求。而观众在消费荧屏中明星劲爆故事的同时,也会和现实中自己的生活经历做一番比对,加深对某星座的刻板印象。

《星座棋谈》的热播是制作方牢牢抓住星座、爱情、明星这三大娱乐话题,通过手机等移动媒介手段将其精准投放给青年上班族观看,吸引了大批青年人,特别是年轻女性白领观众,从而攫取了丰厚的商业利润。

广播也是大众传播的重要媒介,许多广播电台将"星座文化"作为节目内容的重点,让它在与听众的互动中得到扩散。2009年12月1日,浙江电台FM104.5以十二星座女主播的群体形象成立了"女主播电台",频道以星座为载体,结合生活服务的宗旨与"娱乐至上"的本质,以"十二星座"的群体形象进行包装,十二位女主播各自代表一个星座,呈现出或知性、或性感、或贤惠的星座形象,达到另类、新奇的品牌效果,可谓匠心独具。节目在营销过程中尤其强调各位女主播的代称"十二星座",听众可能对节目女主播名字没有印象,但能记住她是什么星座,这一概念强烈地刺激了听众的好奇心和新鲜感。每个女主播都会将自身的星座特质融入节目风格,按照这个星座的特点来制作节目,在听完节目后,受众不但能了解节目内容,更能了解关于星座的特质。如巨蟹座女主播号称"最居家贤惠"的女主播,她用女性独有的温柔在其节目《好吃不得了》中推荐美食,展现爱家、贤惠的形象;而天蝎座女主播在《爱上女主播》中则以"红颜知己"的温柔形象出现,力图用又嗲又甜的声线展现天蝎女妩媚风情的形象；追求时尚且热爱社交的白羊座，主持教听众潮流搭配的《1045风尚会》节目；豪爽洒脱的双子座，主持军事类节目《红粉谈兵》。星座和女主播的并置，传播了一种"星座是女主播的一种自然属性"的概念，这也使得女主播更易被符号化。

结　语

在全球消费和网络社交的后亚文化语境中，今天网络空间上流行的"占星术"其实是一种"时尚的巫术"，它糅合和改造了东西方的传统占星术，并将其与当代哲学、心理学及媒介学相结合，逐渐成为影响许多年轻人思想和行动的"新俗信"。许多青年星座迷借助于占星文化反思和建构自我，并在线上的网络社交平台上建构具有共同兴趣的后亚文化星座部落，以此与其他群体形成"身份区隔"。在后亚文化星座部落中，尽管青年星座迷之间的交往关系是松散的、混杂的和流动的，这是他们"一种生活方式"的彰显。当然，在消费主义倾向日趋明显的后亚文化社会语境中，为了自身的商业利益，以及迎合当代青年人的娱乐化需求，一些星座消费越来越朝着低俗化、恶搞化，甚至色情化的方向发展，这种发展趋势自然是不可取的。而那种将占星文化过度迷信化和神秘化的价值取向，则更需要我们加以警惕和甄别。

主要参考文献

外文译著

1. 西格蒙德·弗洛伊德. 弗洛伊德后期著作选 [M]. 林尘, 张唤民, 陈伟奇, 译. 上海: 上海译文出版社, 1986.

2. C. G. 荣格. 寻求灵魂的现代人 [M]. 苏克, 译. 贵阳: 贵州人民出版社, 1987.

3. 马克斯·霍克海默. 批判理论 [M]. 李小兵, 等译. 重庆: 重庆出版社, 1989.

4. 迈克尔·布雷克. 越轨青年文化比较 [M]. 岳西宽, 张谦, 刘淑敏, 译. 北京: 北京理工大学出版社, 1989.

5. 杰姆逊. 后现代主义与文化理论 [M]. 唐小兵, 译. 北京: 北京大学出版社, 1997.

6. 包亚明. 文化资本与社会炼金术: 布尔迪厄访谈录 [M]. 上海: 上海人民出版社, 1997.

7. 弗雷泽. 金枝 [M]. 徐育新, 汪培基, 张泽石, 译. 北京: 大众文艺出版社, 1998.

8. 罗兰·巴特. 神话: 大众文化诠释 [M]. 许蔷蔷, 许绮玲, 译. 上海: 上海人民出版社, 1999.

9. 吉登斯. 现代性的后果 [M]. 田禾, 译. 南京: 译林出版社, 2000.

10. 詹姆逊. 文化转向: 后现代论文选 [M]. 胡亚敏, 等译. 北京：中国社会科学出版社，2000.

11. 费瑟斯通. 消费文化与后现代主义[M]. 刘精明，译. 南京：译林出版社，2000.

12. 默克罗比. 后现代主义与大众文化[M]. 田晓菲，译. 北京：中央编译出版社，2000.

13. 波德里亚. 消费社会[M]. 刘成富，全志刚，译. 南京：南京大学出版社，2000.

14. 费斯克. 理解大众文化[M]. 王晓珏，宋伟杰，译. 北京：中央编译出版社，2001.

15. 斯拉沃热·齐泽克，泰奥德·阿多尔诺，等. 图绘意识形态[M]. 方杰，译. 南京：南京大学出版社，2002.

16. 彼德斯. 交流的无奈：传播思想史[M]. 何道宽，译. 北京：华夏出版社，2003.

17. 霍尔. 表征：文化表象与意指实践[M]. 徐亮，陆兴华，译. 北京：商务印书馆，2003.

18. 凯尔纳. 媒体文化：介于现代与后现代之间的文化研究、认同性与政治[M]. 丁宁，译. 北京：商务印书馆，2004.

19. 马尔库塞. 爱欲与文明：对弗洛伊德思想的哲学探讨[M]. 黄勇，薛民，译. 上海：上海译文出版社，2005.

20. 霍克海默，阿道尔诺. 启蒙辩证法：哲学断片[M]. 渠敬东，曹卫东，译. 上海：上海人民出版社，2006.

21. 比格纳尔. 后现代媒介文化[M]. 影印本. 北京：北京大学出版社，2006.

22. 麦克拉肯，艾晓明，柯倩婷. 女权主义理论读本[M]. 桂林：广西师范大学出版社，2007.

23. 苏·卡利·詹森. 批判的传播理论：权力、媒介、社会性别和科技[M]. 曹晋，译. 上海：复旦大学出版社，2007．

24．欧文·戈夫曼．日常生活中的自我呈现［M］．冯钢，译．北京：北京大学出版社，2008．

25．迪克·赫伯迪格．亚文化：风格的意义［M］．陆道夫，胡疆锋，译．北京：北京大学出版社，2009．

26．朱迪斯·巴特勒．性别麻烦：女性主义与身份的颠覆［M］．宋素凤，译．上海：上海三联书店，2009．

27．吉见俊哉．媒介文化论：给媒介学习者的15讲［M］．台北：群学出版有限公司，2009．

28．戴维·莫利．传媒、现代性和科技："新"的地理学［M］．郭大为，等译．北京：中国传媒大学出版社，2009．

29．卡尔．浅薄：互联网如何毒化了我们的大脑［M］．刘纯毅，译．北京：中信出版社，2010．

30．威廉斯．文化与社会：1780—1950［M］．高晓玲，译．长春：吉林出版集团有限责任公司，2011．

31．罗蒂．文化政治哲学［M］．张国清，译．北京：北京大学出版社，2011．

32．帕尔弗里，加瑟．网络原住民［M］．长沙：湖南科学技术出版社，2011．

33．布尔迪厄．男性统治［M］．刘晖，译．北京：中国人民大学出版社，2011．

34．爱弥尔·涂尔干．宗教生活的基本形式［M］．渠东，汲喆，译．北京：商务印书馆，2011．

35．班尼特，哈里斯．亚文化之后：对于当代青年文化的批判研究［M］．中国青年政治学院青年文化译介小组，译．北京：中国青年出版社，2012．

36．桥本敬造．中国占星术的世界［M］．王仲涛，译．北京：商务印书馆，2012．

37. 威廉斯. 漫长的革命 [M]. 倪伟, 译. 上海: 上海人民出版社, 2012.

38. 巴克. 文化研究: 理论与实践 [M]. 孔敏, 译. 北京: 北京大学出版社, 2013.

39. 特纳. 数字乌托邦: 从反主流文化到赛博文化 [M]. 张行舟, 等译. 北京: 电子工业出版社, 2013.

40. 卡西尔. 人论: 人类文化哲学导引 [M]. 甘阳, 译. 上海: 上海译文出版社, 2013.

41. 马尔库塞. 单向度的人: 发达工业社会意识形态研究 [M]. 刘继, 译. 上海: 上海译文出版社, 2014.

42. 哈特利. 数字时代的文化 [M]. 李士林, 黄晓波, 译. 杭州: 浙江大学出版社, 2014.

43. 霍尔, 杰斐逊. 通过仪式抵抗: 战后英国的青年亚文化 [M]. 孟登迎, 胡疆锋, 王蕙, 译. 北京: 中国青年出版社, 2015.

44. 亨利·詹金斯. 文本盗猎者: 电视粉丝与参与式文化 [M]. 郑熙青, 译. 北京: 北京大学出版社, 2016.

45. 兰德尔·柯林斯. 互动仪式链 [M]. 林聚任, 王鹏, 宋丽君, 译. 北京: 商务印书馆, 2017.

46. 尼古拉·尼葛洛庞帝. 数字化生存 [M]. 胡泳, 范海燕, 译. 北京: 电子工业出版社, 2017.

47. 文森特·米勒. 数字文化精粹 [M]. 晏青, 江凌, 姚志文, 编译. 北京: 清华大学出版社, 2017.

48. 哈特穆特·罗萨. 新异化的诞生: 社会加速批判理论大纲 [M]. 郑作彧, 译. 上海: 上海人民出版社, 2018.

49. 克里斯蒂安·福克斯. 社交媒体批判导言 [M]. 赵文丹, 译. 北京: 中国传媒大学出版社, 2018.

50. 何塞·范·迪克. 连接: 社交媒体批评史 [M]. 晏

青,陈光凤,译.北京:中国人民大学出版社,2021.

中文专著

1. 吴琼.凝视的快感:电影文本的精神分析[M].北京:中国人民大学出版社,2005.

2. 卢岚兰.现代媒介文化:批判的基础[M].台北:三民书局,2006.

3. 汪民安.身体、空间与后现代性[M].南京:江苏人民出版社,2005.

4. 陶东风.粉丝文化读本[M].北京:北京大学出版社,2009.

5. 陶东风,胡疆锋.亚文化读本[M].北京:北京大学出版社,2011.

6. 蒋原伦.媒介文化十二讲[M].北京:北京大学出版社,2010.

7. 徐德林.重返伯明翰:英国文化研究的系谱学考察[M].北京:北京大学出版社,2014.

8. 马中红,陈霖.无法忽视的另一种力量:新媒介与青年亚文化研究[M].北京:清华大学出版社,2015.

9. 朱丽丽,等.数字青年:一种文化研究的新视角[M].南京:江苏人民出版社,2017.

10. 曾一果.西方媒介文化理论研究[M].北京:学习出版社,2017.

11. 陶东风.当代中国大众文化价值观研究[M].北京:中国社会科学出版社,2017.

12. 罗小茗.反戈一击:亚际文化研究读本[M].上海:上海书店出版社,2019.

13. 陈龙.转型时期的媒介文化议题:现代性视角的反思

[M]. 上海：上海三联书店，2019.

14. 戴阿宝. 趣味批判：我们的日常机制与神话［M］. 北京：文化艺术出版社，2020.

15. 曾一果. 媒介文化论［M］. 广州：暨南大学出版社，2020.

英文专著

1. WILLIAMS R. Communications［M］. New York：Penguin Books Ltd,1962.

2. THORNTON S. Club cultures：music, media and subcultural capital［M］. Cambridge：Polity Press, 1995.

3. HALL S. Representation：cultural representations and signifying practices［M］. London：SAGE Publications Ltd,1997.

4. FERGUSON M, GOLDING P. Cultural studies in question［M］. London：SAGE Publications Ltd,1997.

5. TURNER G. British cultural studies［M］. 3rd. ed. London：Routledge, 2002.

6. MUGGLETON D, WEINZIERL R. The post-subcultures reader［M］. Oxford：Berg Publishers,2003.

7. CURRAN J, MORLEY D. Media and cultural theory［M］. London：Routledge, 2005.

8. SCHILLER H I. Not yet the post-imperialist era［M］// 曹晋，赵月枝. 传播政治经济学英文读本（上）. 上海：复旦大学出版社，2007.

9. CARY W J. Communication as culture：essays on media and society［M］. Rev.ed. New York：Routledge, 2008.

10. TURNER G. Ordinary people and the media：the demotic turn［M］. London：SAGE Publications Ltd, 2009.

附 录

关于星座认知的调查问卷[①]

调查背景：今天是一个星座流行的时代，为了了解人们对于星座的认识，我们设计了一份调查问卷，通过专业的网络在线调查平台"问卷星"进行发放，希望从中能够了解当代人特别是年轻人对于星座的认知状况。

调查方法：网络在线问卷调查

开始时间：2014-04-18

结束时间：2014-06-12

样本总数：153 份

数据与分析：

1. 你的性别是？　　　[单选题]

选项	小计	比例
A. 男	35	22.88%
B. 女	118	77.12%
本题有效填写人次	153	

2. 你的年龄是？　　　[单选题]

选项	小计	比例
A. 70 后	7	4.58%
B. 80 后	12	7.84%
C. 90 后	126	82.35%
D. 00 后	8	5.23%
本题有效填写人次	153	

---

① 本调查问卷在网络上的数据来源于 http://www.sojump.com/report/3302929.aspx? qc=。

3. 你的受教育程度是？　　　[单选题]

选项	小计	比例①
A. 小学	1	0.65%
B. 初中	7	4.58%
C. 高中	7	4.58%
D. 大专	5	3.27%
E. 大学	123	80.39%
F. 硕士	8	5.23%
G. 博士	2	1.31%
H. 博士后	0	0
本题有效填写人次	153	

4. 你的星座是？　　　[单选题]

选项	小计	比例
A. 水瓶座	8	5.23%
B. 双鱼座	9	5.88%
C. 白羊座	9	5.88%
D. 金牛座	11	7.19%
E. 双子座	15	9.80%
F. 巨蟹座	9	5.88%
G. 狮子座	17	11.11%
H. 处女座	12	7.84%
I. 天秤座	21	13.73%
J. 天蝎座	16	10.46%
K. 射手座	10	6.54%
L. 摩羯座	11	7.19%
M. 不知道	5	3.27%
本题有效填写人次	153	

---

① 统计数据在做修约处理时，可能会产生0.01%的误差，不影响统计结果，下表同。

5. 你第一次是通过什么渠道了解星座的? [单选题]

选项	小计	比例
A. 教科书	0	0
B. 电视、广播	6	3.92%
C. 报纸、杂志	81	52.94%
D. 网络	19	12.42%
E. 手机软件	0	0
F. 亲人、朋友	41	26.8%
G. 产品包装、卡片贴纸	5	3.27%
H. 其他途径	1	0.65%
本题有效填写人次	153	

6. 你相信用星座对人的各方面进行的分析吗? [单选题]

选项	小计	比例
A. 相信	4	2.61%
B. 相信一部分	125	81.7%
C. 完全不相信	24	15.69%
本题有效填写人次	153	

7. 你觉得你的各方面与你的星座的相关程度是? [单选题]

选项	小计	比例
A. 关系很大	5	3.27%
B. 有关系	24	15.69%
C. 部分有关系	96	62.75%
D. 没有关系	28	18.30%
本题有效填写人次	153	

8. 你是否会借助星座知识去了解你身边的人或事？
[单选题]

选项	小计	比例
A. 每次都会	2	1.31%
B. 经常会	14	9.15%
C. 偶尔会	88	57.52%
D. 不会	49	32.03%
本题有效填写人次	153	

9. 如果星座运势告诉你今天不适宜做某些事，你会改变原计划吗？　　[单选题]

选项	小计	比例
A. 会改变	4	2.61%
B. 不会改变，但会稍稍调整一下	23	15.03%
C. 不会改变行动，但会注意点	60	39.22%
D. 一点也不影响	66	43.14%
本题有效填写人次	153	

10. 你主动了解星座的频率是？　　[单选题]

选项	小计	比例
A. 每天	3	1.96%
B. 经常	11	7.19%
C. 偶尔	79	51.63%
D. 几乎不	49	32.03%
E. 从不	11	7.19%
本题有效填写人次	153	

11. 你关注星座时一般是什么心态？　　[单选题]

选项	小计	比例
A. 满是期待，看看自己各方面如何	9	5.88%
B. 精神压力很大，看一看星座放松放松	11	7.19%
C. 平常心，有得看就看	63	41.18%
D. 百无聊赖，看一看星座娱乐娱乐	54	35.29%
E. 完全不感兴趣	16	10.46%
本题有效填写人次	153	

12. 你对占星的哪些方面比较感兴趣？　　[多选题]

选项	小计	比例
A. 紫微（算命）	15	9.80%
B. 亲情	19	12.42%
C. 友情	49	32.03%
D. 爱情	56	36.6%
E. 性格	91	59.48%
F. 财富	69	45.10%
G. 运势	91	59.48%
H. 其他	1	0.65%
本题有效填写人次	153	

13. 你经常在哪些网站查阅星座信息？　　　[多选题]

选项	小计	比例
A. 新浪	57	37.25%
B. 腾讯	70	45.75%
C. 搜狐	29	18.95%
D. 外文网站	5	3.27%
E. 星座手机客户端	6	3.92%
F. 其他中文网站	14	9.15%
本题有效填写人次	153	

14. 你周围有对星座了解的朋友吗？　　　[单选题]

选项	小计	比例
A. 很多	12	7.84%
B. 一部分	94	61.44%
C. 少数	40	26.14%
D. 没有	7	4.58%
本题有效填写人次	153	

15. 对于免费占星的软件，你愿意下载吗？　　　[单选题]

选项	小计	比例
A. 愿意	34	22.22%
B. 不感兴趣	119	77.78%
本题有效填写人次	153	

16. 如果为你个人量身定做星座信息,你愿意付费吗? [单选题]

选项	小计	比例
A. 愿意	9	5.88%
B. 不愿意	144	94.12%
本题有效填写人次	153	

17. 如果你愿意付费,你认为多少钱合适? [单选题]

选项	小计	比例
A. 3元/月以下(包括3元)	106	69.28%
B. 5元/月以下(包括5元)	45	29.41%
C. 10元/月以下(包括10元)	2	1.31%
D. 10元/月以上	0	0
本题有效填写人次	153	

18. 你对星座有怎样的认知? [单选题]

选项	小计	比例
A. 有道理,玄学的奥秘	9	5.88%
B. 貌似有那么些道理	106	69.28%
C. 感觉就是瞎掰掰	27	17.65%
D. 根本就是无稽之谈	11	7.19%
本题有效填写人次	153	

19. 中国传统的风水、占卜等与星座占星相比，你对哪个了解得比较多？　　[单选题]

选项	小计	比例
A. 中国传统术数	9	5.88%
B. 星座占星	87	56.86%
D. 都很了解	2	1.31%
E. 都不了解	55	35.95%
本题有效填写人次	153	

20. 你家中有人了解风水、占卜等吗？　　[单选题]

选项	小计	比例
A. 长辈们几乎都知道	39	25.49%
B. 只有爷爷辈了解	62	40.52%
C. 没人了解	52	33.99%
本题有效填写人次	153	

21. 你对中国传统的风水、占卜等有怎样的认知？[单选题]

选项	小计	比例
A. 有道理，玄学的奥秘	26	16.99%
B. 貌似有那么些道理	107	69.93%
C. 感觉就是瞎掰掰	14	9.15%
D. 根本就是无稽之谈	6	3.92%
本题有效填写人次	153	

22. 你觉得中国传统的风水、占卜等与西方的星座相比，哪个更可信？ ［单选题］

选项	小计	比例
A. 风水、占卜等	121	79.08%
B. 星座占星	32	20.92%
本题有效填写人次	153	

23. 现在你主要通过哪些途径接触到风水、占卜？ ［多选题］

选项	小计	比例
A. 听长辈说	100	65.36%
B. 书本、杂志	30	19.61%
C. 网络	49	32.03%
D. 根本接触不到	19	12.42%
E. 其他	1	0.65%
本题有效填写人次	153	

24. 你觉得现在中国传统风水、占卜等远不如星座流行的原因是？ ［多选题］

选项	小计	比例
A. 风水、占卜等不如星座有看头	57	37.25%
B. 风水、占卜等缺乏媒介的宣传	102	66.67%
C. 风水、占卜等没人传承	61	39.87%
D. 不知道	11	7.19%
E. 其他	3	1.96%
本题有效填写人次	153	

后记

接下《网络占星：时尚的巫术》一书的写作任务，已是好几年前的事情了，那时我还在母校苏州大学工作，写"后记"时，不禁感叹，时间过得真快。

2012年，马中红教授曾组织陈霖教授、陈一教授等人出版一辑"新媒介与青年亚文化"丛书，我也很荣幸地忝列其中，写就了一本《恶搞：反叛与颠覆》。虽然写得很一般，但通过写作，我在以后的工作和学习中更多地留意一些新媒体文化现象。过了几年，勤奋的马中红教授又开始策划和组织人马弄第二辑"新媒介与青年亚文化"丛书，并期望我也承担一本。那时，我的工作、生活都很忙碌，因此有点不想接，但最终还是被马中红教授说服，接受了《网络占星：时尚的巫术》一书的写作任务。说实话，一揽下来这个活，我便有点后悔，因为我对占星实在一窍不通，尽管在我的指导下，我的研究生颜欢等曾对网络占星做了些调研。不过，那几年，占星文化确实很流行，也没有新冠肺炎疫情，同学和朋友之间的各种聚会很多。每次聚会，总会有好几个星座爱好者眉飞色舞地谈论星座。所以，虽然我对占星毫无兴趣，但许多人特别是年轻人如此热衷星座的现象，还是令我有点惊讶。

揽活容易完成难，接下活儿之后，我和颜欢商量了一下，她也答应参与课题，我便将讨论后的书稿提纲交给了马中红教授。可随后的写作进展并不顺利，一来，颜欢本人毕业后到江苏省大剧院工作,没有更多的时间顾及这个课题;二来,2018年8月,我也调离了苏州大学到暨南大学工作。初到遥远的南国,人地生疏,我无暇顾及《网络占星:时尚的巫术》一书的写作;三来,网络占星确实并非我擅长的话题。正因为这些原因,书稿的写作进展缓慢,以致编辑李寿春老师几次打电话和发短信问我书稿完成情况。拖拖拉拉,一转眼就好几年过去了。直到2021年初,我才拿出了一个很不像样的草稿。

  日本占星学家桥本敬造在思考占星术为何在不同时代、不同文化中都被人们接受时就说,"占星术为什么被一般人接受了呢?因为人或人的社会与围绕着它的自然、宇宙是不可分割的,在那里发生的现象或天体绕行如何和人生及社会变化结合起来,这是人们想知道的,也是占星术所要尝试的,而且占星术将其融合进了日常生活或常识性的思考方式中"。在人类不同时期,占星文化或多或少地受到人们的追捧,这当然跟人类对自然、宇宙和日常社会了解不充分有关。尽管今天的科学技术已经很发达,一切"含魅"的世界销声匿迹,但其实大千世界、宇宙万物,仍然有太多的奥秘人们没有掌握,如这几年新冠肺炎疫情在全球暴发,对于疫情为何暴发、病毒到底从哪里来,人类至今也没能搞得清楚,当无法解释某些事件或者现象时,许多人只好依靠占星术这套东西了。而在日常生活之中,世事的变幻、生命的无常、情感的波动和交流的无奈等都让人在许多时候寄望于所谓的"命",因而,像桥本敬造所说的占星术融入日常生活或常识性的思考方式中就不奇怪了。荣格也说,恰恰是在科学主义盛行的今天,占星术等一些被时代抛弃的东西会突然占据人们的注意力。"被过去的时代所抛弃的东西,今天突然占据了我们的注意力,无论这多么难以理解,但我们必须承认这是事实。人们对这些事物有一种普遍的兴趣,这是不可否认的,尽管这些事物有辱良好的趣味……我考虑的是那种对各种心理现象所产生的广泛而普遍的兴趣,这些心理现象表现在唯灵论(spiritualism)、占星术、通神学(theosophy)等诸如此类的蓬勃兴起之中。"

生活在现代社会中的年轻人,为何还如此迷恋占星术?在《网络占星:时尚的巫术》一书中,我尝试从生活、娱乐和身份政治等方面,简单地介绍和讨论占星术受到当代人特别是年轻人喜好的原因。在书中我声明过,由于本人不是占星专家,所以《网络占星:时尚的巫术》一书并不是从占星的专业角度研讨占星文化,而是从社会学、心理学、文化学和媒介学等视角,试图解释今天网络空间里盛行的各种占星现象,探讨青少年群体沉溺和迷信星座的主要社会、心理、文化和媒介成因。

由于时间仓促,书稿写得不成熟,我自己也很不满意。但我希望它能抛砖引玉,让更多的人对此类媒介文化现象予以关注。感谢马中红教授将本书纳入"新媒介与青年亚文化"丛书之中;另外,要特别感谢编辑李寿春老师和严瑶婷老师,如果没有她们的督促,就没有本书的问世;也感谢施晶晶、肖英、陈沐柔等研究生帮我仔细地校对书稿。

曾一果于暨南园
2021 年 6 月 8 日